本书系多项课题研究成果

- 基金项目：中国法学会部级法学研究课题：金融创新背景下投资型保险法律规制问题研究（项目编号：CLS（2017）Y17）
- 湖北省教育厅哲学社会科学研究项目：大数据时代互联网保险的理论变革与制度创新研究（项目编号：19Q075）
- 武汉工程大学人文社科基金项目：投资型保险风险防范的法律规制研究（项目编号：007025）
- 武汉工程大学科学研究基金项目：金融风险治理背景下保险销售适合性法律制度研究（项目编号：19QD53）

金融创新背景下投资型保险法律规制问题研究

张晓萌　著

WUHAN UNIVERSITY PRESS
武汉大学出版社

图书在版编目(CIP)数据

金融创新背景下投资型保险法律规制问题研究/张晓萌著.—武汉：武汉大学出版社,2021.5(2022.4 重印)

ISBN 978-7-307-22293-9

Ⅰ.金…　Ⅱ.张…　Ⅲ.保险法—研究—中国　Ⅳ.D922.284.4

中国版本图书馆 CIP 数据核字(2021)第 092146 号

责任编辑:胡　荣　　　责任校对:李孟潇　　　版式设计:马　佳

出版发行：**武汉大学出版社**　(430072　武昌　珞珈山)

(电子邮箱：cbs22@ whu.edu.cn　网址：www.wdp. com.cn)

印刷:武汉邮科印务有限公司

开本:720×1000　1/16　　印张:9.5　　字数:154 千字　　插页:1

版次:2021 年 5 月第 1 版　　　2022 年 4 月第 2 次印刷

ISBN 978-7-307-22293-9　　　定价:35.00 元

前　言

投资型保险是在金融创新背景下所产生的创新型金融商品。它一方面通过将投资风险转移给投保人的方式，解决了通货膨胀与利差损的两大难题，并为保险公司开辟了金融产品新市场，提高了保险公司资金的利用率；另一方面则满足了投保人保障与理财的双重需求。然而投资型保险也蕴含着大量的风险，它在成为保险市场“新经济增长点”的同时，亦成为保险契约纠纷的“集中地”，或沦为保险行业风险发生的“重灾区”，一度掀起大规模退保浪潮与叫停风波。有鉴于此，对现行法律制度进行反思，即如何对金融创新背景下的新型产品进行法律规制，如何将投资型保险纳入现行法框架，使其在法治化的轨道上有序运行。

本书的大致结构如下：

第一部分阐释投资型保险的发展现状与存在问题。通过比较我国与美国投资型保险在类型与特征上的差异，发现我国投资型保险具有种类多、产品运作方式差异大等特点，目前包括投资连结保险、万能保险与分红保险等人身保险创新型产品，也包括预定收益型产品与非预定收益型产品等财产保险投资型产品。再通过实证分析、案例分析与文献梳理，发现投资型保险存在两方面的问题：一是以保险人说明义务为焦点的契约纠纷；二是销售误导与资金利用不当所导致的市场风险。

第二部分探讨投资型保险的法律属性。首先，通过对保险法上“保险”的定义的审思，说明现行法无法将投资型保险纳入其中，因此应当在对保险法上关于保险分类进行妥善安排的基础上，再分别进行定义，而关于投资型保险的定义则应当另外予以安排。其次，以“结构-功能”主义研究方法，对投资型保险进行深层次的解构，通过整合分析投资型保险产品的特征，将其界分为保险部分与投资部分。一是分析投资型保险投资部分的特性，即其所具有的信托属性，并进而分析对保险合同双方权利义务的影响。二是分析保险部分与投资部分的关系，因两者在形式上统一并在实质上具有依存关系，应认定为混合契约，但仍面临着因投资部分的特性而带来的法律适用难题，故应向典型契约转型。三是在投资型保险应定位为保险抑或证券的争议上，通过与美国的比较，并考虑我国现实情况，将其界定为保险的特殊形式，并据此拟定投资型保险的定义。

第三部分分析投资型保险契约的权义结构。以保险契约保障主体、契约订立时投保人的说明义务与契约无效或终止的法律后果，解析投资型保险的权义结构，并据此论证对相关主体权利义务的规制。其一，投资型保险契约的保障主体。尽管投资型保险具有投资属性，但仍未失保险的本质，故而应当与传统保险一般，以被保险人为保障中心，但同时要兼顾投保人的投资利益，并协调与受益人的关系。在此过程中，仍应当将所有保险给付请求权赋予给被保险人，并尊重被保险人的同意权。考量到设分离账户的人身保险创新型产品的特殊性，以及人身保险契约主体的架构，应当在立法中明确规定分离账户的价值归属于受益人或被保险人。其二，投资型保险契约订立时保险人的说明义务。我国现行法上说明义务本身即存在不足，在投资型保险的适用问题上则更是问题叠生，因此有必要对规则进行完善，并通过域外法上经验的比较与借鉴，考量引入适合性义务。其三，投资型保险契约无效或终止后的法律效果。投资型保险的投资部分并非依传统保险法理的损失补偿原则、最大诚信原则与对价平衡原则所构建，所以在设分离账户的情形下，分离账户的保费处理规则有所不同。因投资型保险的投资部分，通常并不考量道德危险的防范，因此关于传统保险基于防范道德危险，而在保险契约终止后不返还保费的规定，于投资型保险并不适用。仅在受益人的“故意行为”的情形下，受益人也一并丧失对分离账户资金的请求权。而在保险契约无效后的法律效果，则需要依据个案进行考量，根据双方的过错比例承担相应责任。

第四部分分析投资型保险市场的风险监管。针对实践中投资型保险存在的两大问题：其一，针对投资型保险销售误导问题。保险销售误导可以通过在保险契约法上引入适合性义务予以治理，以为保险消费者提供私法上的救济，但关于适合性义务的具体规则有待于监管法予以进一步规定。参照域外法的相关经验，适合性义务应当是一组包括“了解客户规则”“适合性评估规则”“记录规则”在内的“规则群”。另外，基于保险代理人与保险经纪人法律地位的考量，保险代理人在银保销售误导的情形下亦可能承担法律责任；而保险经纪人亦应当承担独立的适合性义务，并应于立法中明确规定。其二，针对投资型保险资金运用的问题。投资型保险也如其他保险商品一般面临着诸多市场风险，其中较为特殊的是资金运用风险，在监管目标上应当以保险公司的偿付能力为中心，合理引导保险资金的利用，并通过适当限制投资型保险的资金运用渠道、完善投资型保险的信息披露规则，以及优化投资型保险产品等措施，强化保险保障功能的本质，使“保险姓保”。

最后部分为“结论”，目的在于为上述研究作出总结，并提出保险立法修改的具体建议，以资参酌。基于投资型保险定位为保险的特殊形式，可得出应当在《中华人民共和国保险法》中对投资型保险进行专章规范的基本结论。而梳理对投资型保险的“定义”、“合同法”与“监管法”的规制，可拟定立法修订的具体条文，并通过修改其他相关规范以与之相协调。

目　　录

第一章 绪 论

一、研究背景与意义

（一）研究背景

投资型保险是在金融创新背景下所产生的创新型金融商品。它是一种将“保险”与“投资”功能相结合，利用“投资信托”的概念并透过分离账户运作的保险，它与传统保险最大的不同即在于资产运用的方法与原则，以及投资风险将由投保人自行承担，而保险公司通常在会计实务运作上，设有资产划分制度——分离账户，以利于操作。基于投资型保险产品突破传统保险产品而在功能上实现创新，极大满足了投保方与保险方两大主体的需求，并进而活跃了金融市场，这符合党的十八届三中全会关于“完善保险经济补偿机制”“鼓励金融创新、丰富金融市场层次和产品”的精神，十八届四中全会关于“完善社会主义市场经济法律制度”的精神以及国务院《关于加快发展现代保险服务业的若干意见》关于“拓展保险服务功能，促进经济提质增效升级”“鼓励保险产品服务创新”的意见。

然而，投资型保险也蕴含着大量的风险，它在成为保险市场“新经济增长点”的同时，也亦成为保险契约纠纷的“集中地”，或沦为保险行业风险发生的“重灾区”。产生于通货膨胀下保险业发展的投资型保险，通常由投保人自行选择分离账户资金分配比例并由投保人自担投资风险，因此它具有不同于传统保险的专业性与风险性。在微观保险契约层面上，投保方与保险方容易产生纠纷，因为其设计原理比较复杂，诸多保险或非保险专业术语非精通保险者难以理解，对销售人员的技能有较高要求，对购买客户的持续资费能力与风险承受能力亦有相应的要求，故而保险契约当事人的任意一方未达到相应要求，都易导致投资型保险产品“需求”与“供给”的错配，进而引发销售与理赔纠纷。从近年来保险消费投诉纠纷数据与法院裁判的司法案例来看，投资型保险纠纷的数量常常居于前列。而在宏观保险市场层面上，一方面，大量的单个投资型保险契约风险的聚集会引发保险行业风险，如2001—2003年、2006—2007年两次投连险引发的大规模退保浪潮；另一方面，投资型保险产品通过投资账户与资本市场的联系更加紧密，金融市场风险的传导性会加聚保险行业风险的发生，如2016年前海人寿与恒大人寿违规利用万能险资金，“险资举牌”事件一度引发热议，而2019年香港安盛投连险巨亏4亿港币爆雷事件则再次将投资型保险推向公众的焦点。风险保障本是保险的本质功能，但投资型保险却易诱发风险。党的十九大报告强调“健全金融监管体系，守住不发生系统性金融风险底线”，而（银）保监会在《打赢保险业防范化解重大风险攻坚战的总体方案》中也提出应“防范与处置新型保险业务风险”。因此，投资型保险在满足金融创新的同时，还应当注意相关风险的防范与化解。

投资型保险的创新与风险是保险领域的焦点问题，而无论是保障创新，还是防范风险，都需要法律制度的妥善安排。投资型保险虽然缘起于保险市场，但却具有了投资理财功能，其究竟属于何种金融商品？应当如何在法律上予以定位？又应当如何适用法律？受何种监管机关的监管？进言之，目前我国对投资型保险的规范散见于（银）保监会规章与办法，诸多地方尚存在着不足甚至空白，故而如何将投资型保险纳入法制化的轨道，利用现行法的框架予以规制，此为课题的出发点与归属点。

（二）研究意义

1. 理论价值

第一，全面、系统地阐释投资型保险的理论体系。从整体上而言，聚焦投资型保险的法律规制问题，遵循“问题—解释—构造—体系”的研究思路，结合契约法与监管法的两大研究视角，融合法学、经济学与社会学的研究方法，全面地阐述现代意义下投资型保险的概念、原理、权义结构，深入揭示投资型保险的目的、功能、结构及运作模式，形成解释力更强的理论分析框架，提高我国对投资型保险的认知水平，也为研究创新型金融工具提供新的范式。

第二，丰富并完善保险法、消费者权益保护法与金融法等的理论基础与法律框架。投资型保险是兼具保险与投资双重功能的新型产品，已形成和发展了诸多传统损失填补保险所不具有的新理论；同时，投资型保险不仅涉及保险法理，也与消费者权益保护法的相关理论、信托法理、证券法理等其他相关学校理论密切相关，因此需要进行理论上的总结。

第三，为解决投资型保险的理论争议提供新的思路。关于投资型保险的法律定位问题是投资型保险领域争议最多、讨论最激烈的话题之一，目前的研究大多从监管的视角对此进行分析，课题试图立足于投资型保险之二元结构与双重功能，运用社会学之“结构-功能”分析方法，再以契约法的视角解构投资型保险，为“投资型保险究竟如何定位”这一理论争议问题提供新的理论思路。

2. 实践价值

第一，推动投资型保险立法的完善，为保险产品的创新提供立法保障。我国现行投资型保险的立法仅散见于保监会出台的一系列政策与意见，关于投资型保险的定义、合同订立时的保险人的义务、合同存续期间保障的主体、合同无效或解除时的法律效果等，以及投资型保险的产品准入、资金运用、信息披露等均存在立法上的不足，应当予以完善。

第二，促进我国投资型保单条款的优化，助力于解决投资型保险纠纷。因投资型保险的风险性与复杂性，常引发保险合同纠纷，因投资型保险所引发的销售误导行为已成为保险行业的头号难题，投资型保险的合同法规制，旨在通过塑造投资型保险契约的权义结构，为保险契约双方合理配置权利义务，从而推进保单条款通俗化和服务标准化，导正保险人的销售与理赔行为。

第三，助益于银保监会管控投资型保险的市场风险，防范保险行业风险。“大规模退保浪潮”“险资举牌”等一度引发金融市场的波动，投资型保险的监管法规制，旨在通过构建投资型保险市场的监管体系，为保险监管实践提供制度工具，从而加强对投资型保险运作实践的监管，以防范风险。

二、研究现状与评析

从世界范围来看，投资型保险肇始于1956年的荷兰，嗣后欧美各国陆续跟进。我国的投资型保险首见于1999年，相关研究亦自此展开。尽管投资型保险在各国的内涵与外延上并不完全一致，但研究主要集中以下三个方面。

（一）投资型保险的法律定位

关于投资型保险究竟属于何种金融产品，这是投资型保险领域学者讨论最为激烈的问题，对此问题可归纳为三种观点：

其一，最先出现的是“投资证券商品说”，早在投资型保险产生之初，美国最高法院的Mr. Justice Douglas认为，变额年金虽与传统定额给付年金同样有承保死亡风险，并且因为此特质而使部分有识之士认定变额年金并非有价证券，但严格而言，变额年金所承保之死亡风险是虚幻的、表面的、不具有实质性的，因为其与一般人对保险可取得固定给付的概念并不相符，而认定变额年金不符合保险的概念，应当为有价证券。① 而后学界将此种观点从变额年金延伸至变额保险，认为变额保险（包括变额万能寿险）与变额年金都是将现金价值或累积单位投资于共同基金型投资的产品，② 我国则有学者在此基础上进一步认为，投资型保险的分离账户虽然附属于人寿保险契约之下，但与保险商品间存在诸多异点，反与共同基金具有多处相似。③ 如果保险费的绝大部分用于投资而非保障，这种投资型保险除了不采用基金单位、不在公开市场交易以外，几乎无异于基金管理公司旗下的证券投资基金，所以投资型保险在相当程度上脱离了传统保险的属性，与其称之为“保险”，莫如称之为“证券”，与其说它是“保险人经营的保险产品”，莫如说它是“保险公司经营的附着保障功能的证券”。④

其二，而后提出“混合型金融商品说”，在美国VALIC一案中，Mr. Justice Brennan与Mr. Justice Stewart认为变额年金是一兼具保险与有价证券性质的产品。⑤ 美国的其他法官也提出过类似的观点，认为变额年金合同条款内容有的可

---

① SEC v. Variable Annuity Life Insurance Co., 359 U.S. 65, 1959.

② Keith R. Fevurly, “Variable and Variable Universal Life Insurance”, *The Handbook of Professionally Managed Assets*, Apress, Berkeley, CA, 2013, p. 275.

③ 张冠群：《台湾投资型保险商品分离账户法律规范之检验——理论与比较法之观察》，载《政大法学评论》2009年第109期。

④ 叶林：《投资型保险：保障抑或投资?》，载《月旦民商法》2010年第27期。

⑤ SEC v. Variable Annuity Life Insurance Co., 359 U.S. 65, 1959.

以归结于保险，而有的条款则应当被界定为证券。① 所以 Robert 认为，在很多情况下，可能法庭对这一问题也难以下定决心，即变额年金究竟是属于证券还是年金（保险）。② 对此我国有学者认为，投资型保险是一种结合保险与投资的混合性保险商品。③ 在投保人所缴的费用中，一部分是用来购买人身保险，此部分具有保障功能；另一部分的费用则用来投资，此两部分的费用并分别进入不同的账户，融合了投资与保险的双重性质是一种具有风险性的金融商品。④ 还有学者进一步认为投连险的法律性质应当定位为“保险+信托”，其中保险保障部分为保险法律关系，投资账户部分为信托法律关系，而投连险契约实际上是由一项传统保险契约和一项信托契约构成。⑤

其三，另有学者则持“单纯保险商品说”，在美国 VALIC 一案中，Mr. Justice Herlan、Mr. Justice Frankfurter、Mr. Justice Clark、Mr. Justice Whittaker 均认为，应当尊重原则上联邦放手让州独占保险业监理权的传统，从而扩张保险的定义，变额年金无可讳言同时带有保险及有价证券的性质，但仍应归属类似保险，从而让保险业得以自由发展新观念。⑥ 变额寿险应当被视为一种保险，而不是一种变相的投资，⑦ 至少在税收政策上，学者更倾向于这种观点。日本亦有学者持生命保险契约说，认为变额保险充其量仅为传统生命保险契约之延长，其基本构造仍然是保险。⑧ 我国学者认为，虽然投资连结保险具有证券的种种特征，

---

① 155 F. Supp. 521, 527, 529, 1957.

② Robert I. Mehr, “The Variable Annuity: Security or Insurance”, *The Journal of Finance* 13 (3), 1958, p. 386.

③ 江朝国：《保险法最新修正评释（上）》，载《月旦法学》2002 年第 87 期。

④ 杜怡静：《投资型保险商品关于说明义务与适合性原则之运用》，载《月旦民商法》2010 年第 27 期。

⑤ 李理：《投资连结保险：法律属性及与现行保险法的冲突》，载《河北法学》2005 年第 4 期。

⑥ SEC v. Variable Annuity Life Insurance Co., 359 U. S. 65, 1959.

⑦ Keith R. Fevurly, “Variable and Variable Universal Life Insurance”, *The Handbook of Professionally Managed Assets*, Apress, Berkeley, CA, 2013, p. 277.

⑧ 竹滨修：《变额生命保险契约》，载《法律时报》1987 年第 59 卷 3 号；转引自陈人豪：《投资型保险不当行销民事救济之研究——以保险人责任为中心》，政治大学 2004 年硕士学位论文。

但是依照其发展现状来看，我国没有必要将该产品视为证券,① 从我国实务见解观察，(银) 保监会所出台的系列法律政策均将投资型保险视为保险，多数学者虽未直接论证投资型保险的定位问题，但均以投资型保险作为保险商品为前提展开研究。

(二) 投资型保险的契约法规制

现行研究对投资型保险契约方面的研究，主要在于以下两个方面：

其一，关于投资型保险的说明义务。这是目前契约法规制方面最受关注的问题。对投资型保险的风险、投资等事项保险人应当加以揭露，倘若保险人信息提供有虚假、不实情况，将影响投保人的权益。学者认为，伴随着投资型保险投资风险的转移，投资型保险的说明义务应当加以扩张，并对我国现行《保险法》第17条进行了反思，认为其只是规定了保险人说明义务中一般格式条款的免除，却没有规定保险人对投资型保险中新增加投资事项的说明义务与责任承担。② 另有学者提出，如果保险人对投资型保险所可能产生的风险没有据实说明，致使投保人未明确知悉的情况下参与缔结该投资型保险契约，则可准据《保险法》与《合同法》进行请求，但两者亦存在不足之处。③ 在此基础上，还有学者提到，如果只是重视形式上信息提供义务或形式上的说明，均不足以保护信息弱势者不被误导的自我决定权，因此应重视与适合性原则配合的实质上的说明义务，方能减少投保人因误认而引发的纠纷。④

其二，关于投资型保险无效或解除时的法律后果。有学者认为，保险法上保险利益及损失补偿两大原则应当是因补偿被保险人所受的损害，并避免被保险人不当得利产生，但这对于投资连结保险的投资账户无法适用，因此投保人、被保险人未尽如实告知义务的，或者存在保险欺诈的情形下，投资账户的资产价值仍

---

① 罗彧：《投资连结保险：证券乎?》，载《金融法苑》2003年第6期。

② 李溪鹏：《投资型保险风险分担的法律规制》，载《求索》2015年第4期。

③ 胡峰宾、郭丽萍：《投资型保险之投资属性对现行法律规范之冲击》，载《法令月刊》2005年第7期。

④ 杜怡静：《投资型保险商品关于说明义务与适合性原则之运用》，载《月旦民商法》2010年第27期。

归属于被保险人。① 另有学者更为详细指出，投资型保险契约因欠缺被保险人书面同意而无效时，不论是保险部分或投资部分的约定，均全部无效。而且在此情形之下，保险人应返还保单账户价值。②

（三）投资型保险的监管法规制

对于投资型保险在监管法方面的研究，相对较多，早在投资连结保险产生之初，就有学者提出投资连结保险面临着特有的政策风险、投资风险与管理风险，应当采取相应措施进行风险防范。③ 针对投资型保险的风险管理，各学者持有的态度大致相同，即认为在投资型保险面临着诸多传统保险所不具有的风险。主要在于以下两方面：

其一，投资型保险销售误导的治理。销售误导并非是投资型保险的特有问题，它常常发生于人身保险销售环节之中，而在人身保险创新型产品中则尤为突出。保险市场销售误导行为普遍发生，损害保险消费者正当权益，也增加了行业风险隐患，影响保险业可持续发展，具有明显的负外部效应。我国的投资型人身保险，出现过退保事件，集体退保的一个重要原因是不当销售，这些不当销售行为包括不如实告知、故意误导、夸大报酬率等。有学者从消费者、保险营销人员、保险公司和保险监管这四个利益体入手，有效分析销售误导的成因和销售误导的危害，基于此提出保险销售误导的治理建议，如提出应以保护投保人利益为中心，④ 形成完善的信息披露规则；针对银行保险销售误导的现状问题，想要得到根本的解决必须整合保险公司、监管部门和行业协会等多方面的力量，从强化责任、完善制度、加强宣传等方面入手。

其二，投资型保险资金运用的监管。关于投资型保险资金监管问题的研究，主要是以前海人寿与恒大人寿不当利用万能险资金问题而全面展开。而针对具体

---

① 李理：《投资连结保险：法律属性及与现行保险法的冲突》，载《河北法学》2005 年第 4 期。

② 叶启洲：《投资型保险契约无效时之保险费返还与缔约上过失责任》，载《环球法律评论》2014 年第 6 期。

③ 张琳：《投资连结保险的风险及其防范》，载《保险研究》2001 年第 1 期。

④ 管人庆：《论投资连结保险投保人的投资利益保护》，载《社会科学辑刊》2010 年第 3 期。

的监管问题，美国以证券视之，故而主张以证券法对其进行规制。因此有学者提出，可以借鉴美国投资型保险资金运用监管的经验，扩大《中华人民共和国证券法》（以下简称《证券法》）中的“证券”概念，将归属“证券”序列的投资型保险纳入证券监管体系。① 亦有认为，投资型保险的特殊性，对其运行全过程的监管不仅涉及保监部门，也涉及银监部门与证监部门，要提高监管效率，就需要科学合理地安排各自的监管范围，实现三部门监管的无缝衔接。② 还有通过商品销售人员资格限制、资金运用法律规定、商品信息揭露法令与税法规范等方面就海峡两岸监管进行比较，并就此提出启示。③

（四）文献评析与研究趋势

现有的研究为本书研究奠定了较好的基础，但仍在以下方面需要补足：其一，在研究的领域上，对投资型保险契约方面的研究相对较少。目前国内对于投资型保险的介绍颇多，但理论分析尤其是合同法理论的分析十分缺乏，因此选题试图通过全面、系统地阐释投资型保险的理论体系，科学界定投资型保险的内涵与外延，将投资型保险回归于保险法的规制，利用保险法理论、合同法理论，并结合经济学相关理论，重塑投资型保险的理论体系。其二，在研究的视角上，现有研究多以监管视角，但随着时代背景的变化，产生了一些新问题。本书研究以金融创新为背景，从功能主义的视角解构投资型保险，能够从新的视角解决一些问题。投资型保险是保险公司开发的创新型金融产品，其保险与投资的双重功能既是它的本质特征，也是研究的逻辑起点。通过对投资型保险的双重功能的阐释，论证投资型保险的法律定位，以及权义结构的“合同法”规制与风险控制的“监管法”规制。其三，在研究的观点上，现有研究多立足于在现行框架内对相关条文进行小修小补，而本书则提出在《中华人民共和国保险法》（以下简称《保险法》）中设立投资型保险专章规范，并与其他规范相协调。因投资型保险

---

① 李敏：《金融与实业分离原则下的保险资金运用的监管》，载《暨南学报（哲学社会科学版）》2019年第3期。

② 江崇光、王君、姚庆海：《中国万能险问题研究及监管策略》，载《山东社会科学》2018年第4期。

③ 卢百魁：《海峡两岸投资型保险商品监管及法律背景对比研究》，载《湖北经济学院学报（人文社会科学版）》2006年第11期。

本身的特殊性，产生了诸多不同于传统保险的新问题，因此建议对投资型保险的新问题进行系统性梳理并予以专章规范。

三、研究思路与方法

（一）研究思路

课题研究以“提出问题—理论解释—私法治理—公法规制”为研究思路，首先通过文献分析研究与实证研究方法，归纳投资型保险的类型与特点、发展现状，并通过案例分析、数据分析与调查，发现投资型保险存在的问题。再以“结构-功能”主义方法，从理论上阐释投资型保险的法律定位，并分别探讨投资型保险在契约法与监管法上的规制，最后给出结论与建议。

（二）研究方法

1. 实证研究方法

一方面，保险市场上的投资型保险产品种类繁多，依其分类，对各保险公司开发的投资型保险产品的资金运用、损益分配结构、风险负担、信息披露等各方面的内容进行归纳概括；另一方面，针对近年来保监会公布的保险消费投诉情况、保监会对投资型保险的处罚情况进行分析，并对重点问题进行实地调研。旨在明确各投资型保险的实际运作方式、存在的问题，并对此进行类型化分析，形成问题导向。

2. 案例分析方法

案例分为两类：一是司法案例，以北大法宝网、北大法意网及中国裁决文书网为主要检索工具，以其他相关资料为辅，搜索2009年以来关于投资型保险的相关案例，挑选典型案例进行归纳、整理，析出在司法实践中的具体争议点，法院判决的法律依据、理由以及判决结果。二是典型社会纠纷案例，选取代表性国家在投资型保险发展过程中影响较大的纠纷案件。以此作为本书的导向与具体展开的基础。

3. 法解释学方法

解释论的尽头方才是立法论。以现行法上对于投资型保险的法律规范为分析文本，主要是《保险法》及相关司法解释、保监会出台的一系列行政规章与规范性法律文件以及《中华人民共和国消费者权益保护法》（以下简称《消费者权益保护法》）等相关规范，运用法学方法论对其进行解释。结合司法裁判中对于法律规范的运用，分析现行法对于投资型保险规范存在的不足，以此提出本书所要主要解决的问题。

4. 比较分析方法

“比较法有助于更好地认识并改进本国法”，① 投资型保险保险作为一种新兴的金融产品，其法律规制是各国和地区所面临的难题，然而现各国和地区纷纷采取积极应对策略，例如针对说明义务的问题，美国确立了可期待原则对契约条款加以解释；英国最早确立犹豫期制度；德国、日本以及我国台湾地区则纷纷引入适合性义务。通过比较法的视野，以英美法的相关判例，以及日本的《保险业法》《金融商品销售法》《金融商品交易法》、德国的《保险合同法》以及我国台湾地区的“金融消费者权益保护法”为分析范本，作为解决本书提出问题的新思路。

5. 法经济学研究方法

法经济学方法为本书拓展另一种研究视角，即投资型保险法律规制的经济根由何在？通过这种研究方法，可以弥补纯粹法学研究的缺陷。本书对该方法的运用主要体现在对投资型保险法律规制的正当性分析，以信息不对称、交易成本、有限理性与委托-代理等经济学理论，证成法律规制的正当性，此乃课题经济学上的理论基础。

四、研究对象

本书以投资型保险为研究对象，但关于投资型保险概念的内涵与外延，在世界各国或地区并未形成统一的定论。各国或地区所称的投资型保险，其具体的类型并不完全一致；而纵使有的国家或地区并未称某些产品为投资型保险，但该产品却又确实具有投资型保险产品的特性。具体而言，美国因注重保险金额的变动，通常称“变额保险”，但实际上也包括变额年金；英国因注重单位或持份概

① ［法］勒内·达维德：《当代主要法律体系》，漆竹生译，上海译文出版社1984年版，第11页。

念的运用故称“单位连结保险”或“持份连结保险”；德国则因基金连结的保险方式故称“基金连结保险”；日本方面则较为特殊，并无相对应的名称，而直接以“变额保险”与“变额年金”称之，其变额保险的概念仅涵盖变额寿险与变额万能寿险；我国台湾地区称“投资型保险”，但具体类型与我国大陆有所不同；我国香港地区则称“基金连结”或“与投资有关的人寿保险计划”。而就我国理论与实务的观察，所称的“投资型保险”有狭义与广义之分，狭义的投资型保险仅包括投资连结保险，强调与投资账户相连结；而广义的投资型保险则指称所有具有投资功能的保险产品，包括投资连结保险、分红险、万能险等人身保险新型产品，以及财产保险投资型产品（预定收益型产品与非预定收益型产品）。而本书所研究的投资型保险，除在特定部分予以另行强调外，均为我国广义的投资型保险，特在此说明，以免有所疏漏。

第二章　投资型保险的现状与问题

第一节　投资型保险的发展现状

一、投资型保险的缘起与发展

最早的投资型保险始于 1956 年的荷兰，当时将投资型保险称为“微量保险”，其基本想法是将保险金额、保费、准备金等契约的基本价值以单位方式呈现，而非以绝对的金钱数额呈现。① 因此，保费将随着保单持有人投资基金的股票行情而升降，这使得保单持有人不仅要接受股价风险，并且由于保费内容的变动，可能会造成投保人预算上的困难。② 在此情形之下，该种投资型保险并未受到投保人的欢迎。而投资型保险商品除于率先在荷兰推出外，法国、意大利与德国皆于 1970 年推出投资型保险商品；而日本亦于 1986 年 10 月正式引进此类型保险产品。在美国，投资型保险商品的概念早在 1945 年即被提出，但直至 1959 年才正式推出投资型保险的保单，并迅速传播至世界上许多国家及地区，成为各国寿险业与其他金融业竞争之利器。③（如表 2-1）

然而投资型保险是缘何产生并得到迅速发展的呢？这要归因于通货膨胀，进言之，传统的人寿保险无法应对通货膨胀。传统人寿保险，是以被保险人的生命为保险标的，其主要目的有二，一为保障因家庭成员的死亡所致家庭损失之补

---

① 《投资型保险商品》，台湾财团法人保险事业发展中心 2004 年版，第 2 页。

② 陈彦嘉：《投资型保险契约适用保险契约法诸问题之研究》，台北大学 2007 年硕士学位论文。

③ 参见邱美惠：《保险业界璀璨新星——投资型保险商品问世》，载财团法人保险事业发展中心网站：https：//www. tii. org. tw/tii/index. html，2017 年 12 月 5 日最后访问。

表 2-1 **代表性国家或地区投资型保险的产生时间**

国家	推出年度	国家	推出年度
荷兰	1956 年	美国	1959 年
英国	1961 年	加拿大	1961 年
德国、法国、意大利	1970 年	日本	1986 年
新加坡	1992 年	东南亚地区	1996 年
中国	1999 年	中国台湾地区	2001 年

偿，使其家属可获得一定收入，以维持生活及偿付债务的保障需要；一为储蓄资金，以备自己将来生活的需要。① 前者主要是指死亡保险，保障被保险人的家属不会因为被保险人的死亡而导致生活水平的骤降；后者则主要是指生存保险，保险被保险人自己不会因年老、多病、丧失收入等原因而无法负担自己的生活。然而无论何种寿险，其定价均是一个复杂的过程，它由精算师按照充足、适当、无不公平的歧视等原则，依据死亡率、投资收益与费用来进行。② 死亡率的计算，通常反映了人寿保险对于危险的估计。而依死亡率所编制的生命表来看，人一生之所面临的危险乃先降低，至一定阶段后再增加，即成“U”形。所以死亡成本的先逐年递减而后递增是所有人寿保险的特色，但其依然大多采用平准保费，并且以固定利率为基准，承诺投保人平准的保险给付，因而自担管理运用保费基金运营的投资风险。在基金中除所收取的保费外，即为资金运用的孳息收入，累积形成保单的现金价值。故人寿保险是一种时间保险，③ 它具有长期性、保障储蓄性，以及定额给付的特点。人寿保险的此种特性使其备受欢迎。与人类生命经济价值相联系的人寿保险，投保人用以保障自己及其亲属生活的需要；保险人则利用寿险的时间价值，聚集保险业资金，并妥善运用于资本市场、货币市场及公共投资，④ 在为受益人提供固定金额的保障的同时亦享受投资收益。

---

① Mark R. Greene, *Risk and Insurance*, South-Western Pub. Co., 1977, pp. 426-427.

② 孙祁祥:《保险学》，北京大学出版 2005 年版，第 290~291 页。

③ [美] 侯百纳:《人寿保险经济学》，孟朝霞等译，中国金融出版社 1997 年版，第 7 页。

④ 江朝国:《保险业之资金运用》，台湾财团法人保险事业发展中心 2003 年版，第 1 页。

但是传统寿险的繁荣是以稳定的经济环境为后盾，一旦经济环境有所波动，传统寿险必为通货膨胀与利差损所阻。从历史观察，20世纪50—60年代，丰富及廉价的石油，造就低通货膨胀率、高经济成长率的黄金年代，石油消费量快速成长导致世界多数国家对中东石油倚赖日深，也逐渐形成以中东为焦点的石油新秩序。20世纪70年代爆发石油危机，油价上涨使进口物价大幅上升，各原油进口国采取汇率贬值措施以因应国际收支赤字，使得各国通货膨胀率在幅上涨并引发紧缩性货币政策。① 以美国为例，石油危机使本已不稳定的利率波动更加剧烈，并导致全球能源价格上升以致引发通货膨胀。利率飙升使保险人的投资风险大幅度上升；通货膨胀侵蚀保险人的资产，其面临着资产贬值与退保之双重风险。② 通货膨胀使货币的购买力下降，既而腐蚀保险的实质保障，以至于无法满足投保人的原定需求。同时，由于保险人提供固定的利率保证，故保险人亦须承担利率风险，如若保险人为推出具有竞争力的保险产品而提供较高的预定利率，一旦市场利率走低，实际报酬率低于原先的假设，保险人便须承担其所销售保单的利差损而面临资金短缺之风险，进而无法依预定利率提供给付而导致清偿能力不足。③

在此背景之下，传统寿险业者无不头悬两把达摩克利斯之剑，一方面是传统保险无法满足投保人的需要。由于通货膨胀腐蚀货币购买力，也会腐蚀寿险实质保障，在投保人购买保单时，无非是以要保持购买力的需要来投保，并预期未来这保险金给付足够满足其原定的需要目标。在人寿保险的长期性契约，可能因十年、二十年的经过，而因通货膨胀使日后的保险给付无法达到原定的需要。另一方面则是保险人自己也将承担利率差异的亏损。固定利率无法应对通货膨胀的风险，当保险资金的投资收益率低于保险契约约定的平均利率，保险人则将面临大量的亏损。而且此时传统的保险市场已趋近饱和，其他金融业商品的竞争日渐激烈，惟有依实际情况推出符合消费者需求的金融商品方为因应之道，在此情形之

① 参见博尧：《背景分析——石油与国际危机的关联》，台湾财团法人政策研究基金会；转引自林琦胜：《论投资型保险——以保险人义务为中心》，中正大学2013年硕士学位论文。

② 丁昶、李汉雄主编：《投连和万能保险的原理与监管》，中国财政经济出版社2009年版，第28页。

③ ［美］Dan Tromblay：《变额保险》，陈家明译，台湾财团法人保险事业发展中心2000年版，第17~18页。

下，投保人选择将投资选择权与投资风险全部或部分转移给投保人，投资型保险便应运而生。在我国，则在借鉴域外保险市场经验的基础上，先后兴起投资连结保险、分红险、万能险等投资型人身保险，以及其后发展延伸至财产保险领域，兴起投资型财产保险，各保险产品的具体设计有所不同，但均具有有别于传统保险的投资特性。

二、投资型保险的类型及特征

虽然各国均有投资型保险，但从保险市场实践观察，各国投资型保险的类型并不完全一致，而且各种类型的投资型保险在账户设置、具体运作以及损益分配上也有较大的差异。就目前世界上投资型保险的发展状况来看，美国的投资型保险类型相对而言较为成熟，也具有极具代表性，是故以下就美国与我国投资型保险的类型作比较分析。

（一）美国的投资型保险

美国的保险产品通常分为两大类：定额保险（fixed insurance）与变额保险（variable insurance），而后者又可分为变额寿险（variable life insurance）、变额万能寿险（variable universal insurace）与变额年金（variable annuity），[①] 这三类保险产品就是美国所谓的“投资型保险”。变额保险产品是在定额保险产品的基础上演化而来，与定额保险中的寿险、万能寿险与年金产品的主要差异在于保险费及现金价值的投资方法，以及由谁来承担投资的风险。

1. 变额寿险

变额寿险是将终身寿险与投资工具相结合，[②] 通过分离账户的运作将保单的现金价值用以投资，而由保单持有人承担投资风险，并依据投资绩效调整保险给付的人寿保险。由于传统定额保险的保险金额是按契约订定时所定的金额，但因保险金额固定，随着经济社会的发展，保单持有人因通货膨胀而减少实质购买力；而变额寿险的保险给付会因保单现金价值随着实际投资绩效而改变，变额寿

---

① ［美］Dan Tromblay：《变额保险》，陈家明译，台湾财团法人保险事业发展中心 2000 年版，第 32 页。

② Keith R. Fevurly, “Variable and Variable Universal Life Insurance”, *The Handbook of Professionally Managed Assets*, Apress, Berkeley, CA, 2013, p. 277.

险商品就是为了使保单持有人免受通货膨胀影响的冲击，在经营技术上做些许调整。

与终身寿险相同，变额寿险通常会要求缴纳一定比例的保费，并且有一个最低的死亡保险保障收益，但是存在着三个方面的重要差别：① 其一，死亡保险收益是可变的。死亡保险收益或者保单的现金价值有可能会增加或降低，但是不会低于保证的最低数额。保险人会采用各种方法去确定死亡保险收益的调节因素，但是这些方法都与保单现金价值的变动直接相关，也都取决于所投资的证券的市场利率。其二，保单现金价值没有最低保障。变额寿险所追求的是包含本金与利息的综合收益，保单持有人也必须相应地承担因市场情况不稳定产生的风险。保险人将投保人所缴保险费扣除保险成本及附加费用后的余额，依照保单持有人所指定或契约所约定的投资标的或投资组合做资金的配置，投资收益能完全反映保单的账户价值。② 其三，变额寿险中保单持有人的（投资）基金是在单独的账户中，而不是属于保险公司账户的一部分。在这种情形下，如果保险人面临财务危机，保险人的债权人也无法主张变额寿险中保单持有人账户的财产。

由此观之，变额寿险与传统寿险两者最明显的差别为现金价值的计算方式：变额寿险的资产另设分离账户管理，保险人通过此账户将投资绩效与投资风险直接移转到保单所有人身上，换言之，分离账户中投资收益的增减将直接影响变额寿险现金价值的多寡，造成保险金给付的变动；而传统终身寿险之保险金给付依固定金额计算。而就缴费方式来看仍然是固定的，可以为趸交或定期缴费。

2. 变额万能寿险

变额万能寿险，又称为“弹性保费变额寿险”，或称“投资相连万能保单”是结合万能寿险的弹性缴费功能与变额保险的投资特性而来。因此首先须对万能寿险作一介绍。万能寿险对传统寿险的死亡给付分成纯危险保额与现金价值两大部分，通过定期寿险提供死亡保障，并结合一个现金账户累积现金价值，此一现金账户主要用来支付续期年度之保险成本与相关费用。在万能寿险架构中，投保人在现金价值的累积上有较多自主权，可依本身的经济情况缴纳任一额度的金

① Keith R. Fevurly, “Variable and Variable Universal Life Insurance”, *The Handbook of Professionally Managed Assets*, Apress, Berkeley, CA, 2013, p. 277.

② 王康旼：《变额保险绪论》，载《保险专刊》1989 年第 18 期。

额，缴费弹性化是万能寿险的创新，只要现金账户有足够的余额，投保人甚至可以暂停缴纳数期保险费；但现金账户不足时，投保人将被通知补缴保险费；同时，投保人亦可以在任何时候减少或增加保险金额（增加保险金额时需要重新核保）。万能寿险使保户缴纳保费有可选择性，并拥有调整保险金额的弹性，足以适应客户对保险的个性化需求。①

变额万能寿险则是结合变额寿险中投资自主的特性（设置分离账户）以及万能寿险中缴费弹性的特色。变额万能寿险因结合万能寿险的特性，因此于一定限度内，保单持有人可自行决定每期缴交保险费的金额，并可任意选择调高或降低保额。而不同之处则在于万能寿险中保单价值所累积的利息是由保险公司所决定，属于一般账户；而变额万能寿险则由保单持有人自行选择投资标的，属专设账户，是以变额保险方式操作。② 其保费运作是由缴纳的保费扣减死亡成本及相关行政管理费用后，将余额置于分离账户，并依保户所指定的投资比例与投资标的进行运用。变额万能寿险设有独立的投资账户，个人投资账户的价值（保单的现金价值）有固定的保证利率，但当实际个人账户资产回报率高于保证利率时，保险公司会与客户分享高于保证利率收益。

3. 变额年金

变额年金，是以传统年金保险产品作为基本架构，引进变额寿险的分离账户特色，由投保人来承担投资风险的保险商品，它是累积期间的保单现金价值或是给付期间的年金给付金额，根据分离账户的实际投资绩效变动的年金。③ 年金是“一种定期性的给付”，④ 虽然这种年金可以通过一次支付保费的方式来购买，但它通常是通过一系列的定期保费来购买的，这些定期保费会持续几年，直到退休并开始支付年金。⑤ “年金保险”为已退休者或老年人提供经济安全的保障，一直是重要的财务规划工具，但对年金拥有者而言，虽然保证拥有确定定期的收

---

① 刘政明：《万能寿险与传统寿险经营之比较》，载《保险信息》1998年第157期。

② 胡峰宾、郭丽萍：《投资型保险之投资属性对现行法律规范之冲击》，载《法令月刊》2005年第7期。

③ 林举仁：《浅谈美国的变额年金》，载《寿险季刊》2000年第117期。

④ 江朝国：《保险法论文集（2）》，台湾瑞兴图书股份有限公司1997年版，第126页。

⑤ M. Albert Linton, “The Variable Annuity: Problems and Prospects”, *Journal of Finance* 11 (2), 1956, p. 125.

人，但固定不变的金额容易受通货膨胀影响而降低实质购买力，而此一缺点将随着平均生命的稳定增加更为严重与显著。为解决此一问题，将年金所累积的现金价值与各种投资工具相结合（尤其是结合以交易为基础的投资对象，如股票），以降低对实质购买力的影响，“变额年金”即因此产生。

变额年金将年金与变额寿险相结合，以年金为架构，引进“分离账户原则”，由投保人来承担投资风险。如此一来，变额年金的资产，一方面可以积极且集中投资于股票，另一方面可直接全面把本金收益还之于保户，以对抗因通货膨胀致实质购买力下降的风险。变额年金的保单持有人可以从保险人提供的各种分离账户（投票型基金、债券型基金、国际型基金、指数型基金、货币市场基金等）中挑选适合自己风险容忍度及绩效目标的账户，其给付与变额寿险相同，现金价值与年金给付金额随投资状况波动，是投保人自己所选择的投资组合绩效之表现，而其价值的增减就用以调整其年金金额的给付。变额年金的特色是节税、分散投资、回报率高、投资期限不长、管理费用不高以及被保险人要承担和共同基金同样的投资风险。

4. 小结

美国的投资型保险均以“变额”为其主要特征，通过三种投资型保险（变额保险）特征的分析，可归纳如表 2-2 所示。

表 2-2　**美国变额保险的特征比较**

	变额寿险	变额万能寿险	变额年金
对应定额保险	终身寿险	万能寿险	年金保险
缴费方式	固定	弹性	固定或弹性
保单利率	不确定	不确定	不确定
现金价值	依投资绩效	依投资绩效	依投资绩效
投资收益	依投资绩效	依投资绩效	依投资绩效
保险保障	最低死亡给付	弹性	最低死亡给付

（二）我国的投资型保险

我国的投资型保险的类型相较于美国而言，则更为复杂，不仅包括投资型人身保险产品，还包括投资型财产保险产品，不仅包括设立分离账户的投资型保险产品，也包括不设分离账户的投资型保险产品。

1. 人身保险新型产品

根据我国的《人身保险新型产品信息披露管理办法》，人身保险新型产品主要包括投资连结保险、万能保险与分红保险。①

投资连结保险，是指包含保险保障功能并至少在一个投资账户拥有一定资产价值的人身保险产品。而投资账户则是指保险公司为投资连结保险产品设立的、资产单独管理的资金账户。投资账户应划分为等额单位，单位价格由单位数量及投资账户中资产或资产组合的市场价值决定。② 投资连结保险主要有以下特点：③ 其一，设有专门的投资账户。投资连结保险设有保险与投资两类账户，分司保障与投资的双重功能。投资账户独立于保险公司的其他账户，为了明确每个具体保单下的投资账户价值，保险公司将投资账户资金划分为若干等额的投资单位，将计入投资账户的资金折算为投资单位数，直接与证券基金相关联，并根据实际投资收益和费用确定投资单位的价格。如太平洋保险公司的太平人寿投连结保险即提供多个投资账户，包括动力增长型投资账户、平衡稳健型投资账户、策略成长型投资账户、精选平衡型投资账户、稳健避险型投资账户、蓝筹成长型投资账户、平衡稳定型投资账户、安益避险型投资账户、价值先锋型投资账户、均衡收益型投资账户、稳健安心型投资账户以及忠诚保证型投资账户，每个账户有不同的资产分配结构。其二，保险金支付额度不固定。投资收益上不封顶、下不保底，完全与资本市场相连接。而投资连结保险的死亡或全残给付包括两个部分：一部分为保单约定的最低死亡给付额，这一部分是固定的；另一部分则是可变的死亡给付部分，即随投资收益变化的部分。保险公司一般按保险金额和投资账户价值二者金额较大者或两者之和给付保险金。其三，投保人可以自由选择投资账户。投保人可以根据自己的财务状况，在投保时选择趸交或期交保费。保险

① 参见《人身保险新型产品信息披露管理办法》第2条，2009年10月1日。

② 参见《中国保监会关于规范投资连结保险投资账户有关事项的通知》第1条，2015年3月27日。

③ 参见丁昶、李汉雄主编：《投连和万能保险的原理与监管》，中国财政经济出版社2009年版，第1~7页。北京保险行业协会、永兴元保险发展服务中心：《人身保险新型产品基础知识及实务》，光明日报出版社2015年版，第119~122页。

公司一般会提供若干投资策略和投资组合不同的投资账户供投保人选择，以满足在风险偏好和收益追求上有差异的市场需求。投保人可以根据自身的风险承受能力，选择投资账户和确定资产在不同投资账户之间的分配比例。

万能保险，是指具有保险保障功能并设有单独账户，以提供最低保证利率的人身保险产品。① 万能保险主要具有以下特点：② 其一，设有专门的万能账户。保单持有人交纳的每期保费在扣除初始费用后进入万能账户，然后根据被保险人的年龄、性别及风险保额计算死亡风险保费（即保障成本），并在每个周期期初进行扣除。死亡风险保费用于购买相应的人身保险，通常采用自然费率。进行初始费用、死亡风险保费及其他费用扣除后，剩余保费形成账户价值，由保险公司进行投资运作。其二，保证最低收益。除最低死亡风险保额外，万能保险还有最低投资保证利率，投保人可以与保险公司分享最低保证收益以上的投资回报。当万能账户的实际收益率低于最低保证利率时，以最低保证利率进行结算。因此其风险程度相较于投资连结保险而言较低。其三，功能灵活。其所以称之为“万能”，不在于可以满足投保人之一切保障与投资需求，而在于它可以灵活调整保险金额、保险费金额及交费期，选择适度的保障与投资比较。在交费上采用的是弹性保费制，满足其最低限额的要求即可，同时还可以对保单账户价值进行部分领取。

分红保险，是指保险公司将其实际经营成果产生的盈余，按一定比例向保单持有人进行分配的人身保险产品。③ 分红保险主要有以下几个特点④：其一，保单持有人享受经营成果。分红保险不仅提供合同约定的各种保障，而且保险公司每年要将经营分红业务产生的部分盈余以红利的形式分配给保单持有人，保单持有人可以分离保险公司的经营成果。其二，保单持有人需承担一定的风险。由于每年保险公司的经营状况不一样，保单持有人所能得到的红利也会不一样。其三，红利分配的方式多样。保险公司一般会提供多种分配红利方式供保单持有人

---

① 参见《万能保险精算规定》第 4 条、第 5 条，2015 年 2 月 16 日。

② 参见北京保险行业协会、永兴元保险发展服务中心：《人身保险新型产品基础知识及实务》，光明日报出版社 2015 年版，第 92~95 页。

③ 参见《分红保险精算规定》第 1 条，2015 年 10 月 1 日。

④ 参见北京保险行业协会、永兴元保险发展服务中心：《人身保险新型产品基础知识及实务》，光明日报出版社 2015 年版，第 77~79 页。

选择，常见的方式有现金领取、累积生息、抵交保费或用所得红利购买交清增额保险等。其四，定价的精算假设较保守。寿险产品在定价时主要以预定死亡率、预定利率和预定费用率三个因素为依据，这三个预定因素与实际情况的差距直接影响到保险公司的经营成果。其五，保险给付中含有红利。分红保险的被保险人身故后或满期给付时，受益人在获得投保时约定的保险金额的同时，还可以得到未领取的累计红利和利息。

2. 财产保险投资型产品

财产保险投资型产品，通常又被称为非寿险投资型保险，是将保险功能与资金运用功能相结合的保险产品，是财产保险公司将投保人缴纳的投资型保险保险产品的投资金用于资金运作，按照合同约定的方式，计提保险费、承担保险责任，并将投资金及其合同约定的收益支付给投保人或被保险人的财产保险产品。①

从我国保险实践来看，财产保险投资型产品分为预定收益型投资保险产品（以下简称“预定型产品”）与非预定收益型投资保险产品（以下简称“非预定型产品”）。② 预定型产品是指在保险合同中事先约定固定的或浮动的收益率，保险公司在保险合同履行完毕时，将投资金及其约定的资金运用收益支付给投保人或被保险人，或者在保险合同解除或终止时，将依照合同约定计算得出的返还金额支付给投保人或被保险人的保险产品。预定型产品的收益率无论是固定或浮动的，事实都是相对确定的，即使是浮动利率产品往往也是在银行同期存款利率的基础之上再上浮一定的百分比。而非预定型产品则是指在保险合同中不事先约定投资金收益率，保险公司在保险合同履行完毕、解除或终止时，依照保险合同约定的计算方法，将投资金及其实际的资金运用收益（亏损）支付给投保人或被保险人的保险产品。非预定型产品将设立个人账户，委托资产管理公司进行资产管理，除最低限度的风险保障外，其账户价值完全取决于投资收益。

非寿险投资型保险起源于日本，乃为迎合东方民族偏好储蓄的理财心理，近四十年来在东亚地区获得较快发展，而在欧美市场的发展稍显逊色。这种由财产

---

① 参见《关于进一步加强财财产保险公司投资型保险业务管理的通知》第1条，2012年4月28日。

② 参见《关于进一步加强财财产保险公司投资型保险业务管理的通知》第2条，2012年4月28日。

保险公司向个人消费者开发和经营的、具有保险保障和投资储蓄功能的新型非寿险保险产品，由于它带有储蓄的性质，在日本被称为“储蓄型保险”；而在韩国，相对于传统财产保险产品多为一年期的特点，此类产品具有多年期的特性，所以被称为“长期险”。① 这些产品都提供家庭财产保险保障、固定收益率、保险期间为五年以下（以 2~3 年期居多，也有短期至 1 年的），而在保险期间内，财产保险公司所承担的为一定保额的家庭财产保障责任，到期后则根据保险契约约定的固定收益，将本金和收益一并返还给投保人。

我国投资型保险的特征归纳如表 2-3 所示。

表 2-3　**我国投资型保险的特征**

	人身保险新型产品			财产保险投资型产品	
	投资连结保险	万能保险	分红保险	预定型产品	非预定型产品
缴费方式	固定	弹性	固定	趸交	趸交
分离账户	投资账户	万能账户	——	——	个人账户
保单利率	不确定	不确定	相对确定	相对确定	不确定
现金价值	不确定	不确定	最低现金价值	——	——
投资收益	依投资绩效	最低利率保证	依公司经营	依约定利率	依投资绩效
保险保障	最低死亡风险	最低死亡风险	相对固定	相对固定	最低风险保障

（三）小结：投资型保险的比较

对比我国与美国投资型保险的类型，我国显然更为丰富，既有人身保险亦有财产保险。值得说明的是，我国也有变额年金产品，但是通常并未将之纳入投资型保险的范围。而比较两国投资型保险的特征，则有两大不同之处：

其一，美国的投资型保险是以分离账户为中心，而我国的投资型保险并非都设置分离账户。在美国，无论是变额寿险、变额万能寿险与变额年金都是通过分离账户的设置来进行具体运作。传统保险人以承诺对投保人承担风险而取

① 参见谢嘉玲：《银行销售投资型保险相关法律问题之研究》，中正大学 2007 年硕士学位论文。

得保费，再利用所筹集之保费进行投资规划，以履行对投保人之保险给付并谋取自身之利益。此种传统保险营运流程，保险人承受一切风险下所为的会计账户，可称为一般账户。为稳定保持保险公司对投保人承诺的清偿能力，一般账户之资产往往受到严格的监管要求。故若要实现保险业者此前的理念，唯一可行路径即是从保费中划分出一块不受传统保险监理原则规范之特殊区域，保险金随通货膨胀变动的目标方得以实现。传统保险的资金运用上之所以必须重视准备金之适足性及清偿能力，是因为基于对投保人定额给付的承诺，保险人面临随时必须给付保险金的风险，资产的安全性与流动性乃保险资金运用的第一法则。① 倘若另行一独立的保费区块，使资金的运用更趋于积极，更加注重收益性，则必须从根本上消除保险人对投保人定额给付的承诺，并由投保人自担该部分资金运用的风险。此一专为记载该独立保费区块的会计账户，被称为分离账户。

若严格依照这种标准，我国只有投资连结保险与非预定型产品满足要求，分别设有投资账户与个人账户，直接与资本市场相连续。分红险与预定型产品不设有分离账户，万能险虽然设有万能账户，但仍交由保险公司进行运作，并非直接与资本市场相连结。但未设立分离账户，并不意味着投保人没有承担投资风险，只是相较于设立分离账户的产品而言，其风险程度相对较低。因此，我国的投资型保险，是一种从广义上兼具保险与投资功能的产品。

其二，我国的投资型保险均有最低风险保障，而美国的变额万能寿险则未必有最低风险保障。最低风险保障是我国开发投资型保险一再强调的内容，因为脱离这一基本特征，会使得投资型保险失去“保险保障”的本质特征。而美国的变额万能寿险基于其弹性缴费且与投资市场相连结，很可能导致风险保障额为零，从而常常引发争议：这究竟还是否保险产品？

由此观之，我国的投资型保险所涉类型更加多样化、各类型产品差异大、运作方式不一，相较于美国以分离账户为核心的投资型保险产品，要探求我国投资型保险的共同特征还需要从其他方面展开分析，此点将在第三章进行详细论证。

---

① 参见庹国柱：《保险学》，首都经济贸易大学出版社 2004 年版，第 357~358 页。

第二节　投资型保险存在的问题

一、投资型保险的契约纠纷

投资型保险契约纠纷是保险契约双方当事人对所缔结之契约发生的争议，这在人身保险契约中表现得尤其明显，以下通过投资型保险消费投诉情况与司法案例，分析投资型保险契约存在的主要问题。

（一）投资型保险消费投诉情况分析

考察2012—2018年（银）保监会对保险消费投诉情况的通报，投资型保险一直保持较高的投诉量，平均占据所有保险消费投诉量的30%，其中主要包括分红保险、万能保险与投资连结保险。(如图2-1)

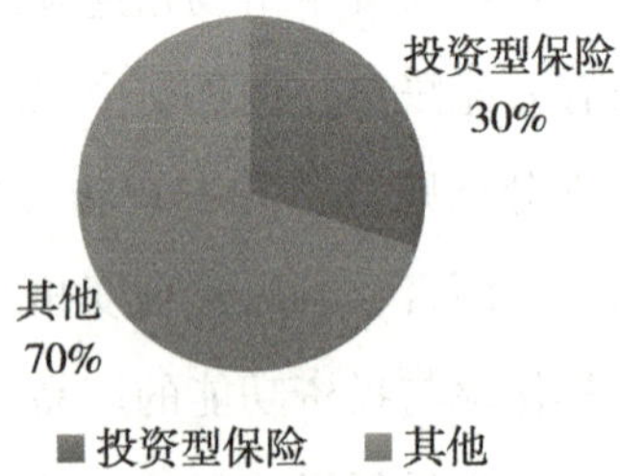

图2-1　2012—2018年投资型保险消费投诉总况①

而从自2012年以来投资型保险消费投诉纠纷的发展趋势来看，总体投诉量仍然居高。2015年受万能险风波的影响，万能险被“叫停”，其他种类亦受影响。除此之外，其他年份均程增长的趋势。当然，这种情形也可能与保险消费者维护自身权益的意识提高，以及保险投诉渠道更为便利相关。(如图2-2)

但是值得注意的是，虽然根据人身保险创新型产品的三种保险类型的比较，

① 数据来源：中国银行保险监管管理委员会网站。

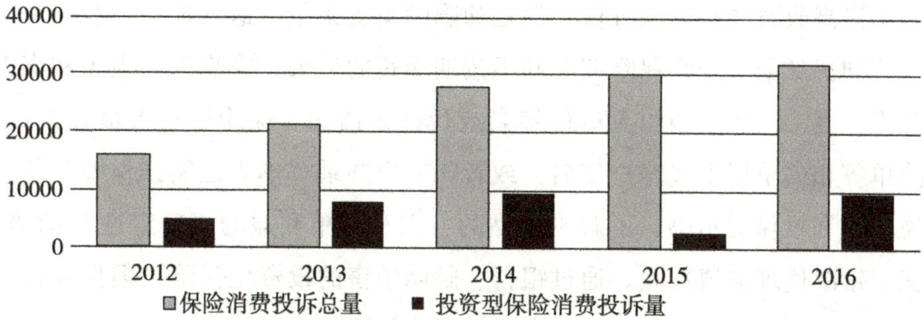

图 2-2 2012—2016 年保险消费投诉总况与投资型保险消费投诉情况①

投连险显然风险最高，万能险次之，而分红险的风险则最低，但是从保险消费投诉情况来看，分红险的投诉量远高于投连险与万能险。（如图 2-3）笔者通过分析认为这种现象的原因在于：一方面，分红险的销售量本身最高，因为购买保险的人群更多地旨在寻求保险保障，因此也就更偏好以保险保障为主，只兼具较少部分投资功能的分红保险；另一方面，正是因为分红险的仅具有较少的投资功能，因此保险销售人员在进行推荐与销售时，更为容易模糊其投资风险，而投保人在购买时则往往只看到投资收益，故而容易产生纠纷。

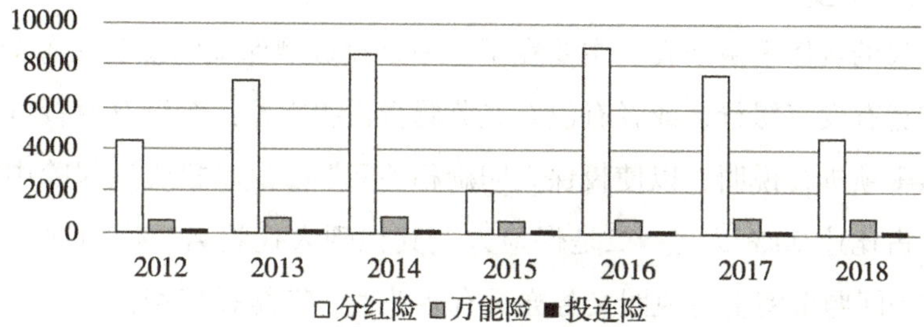

图 2-3 2012—2018 年投资型保险消费投诉情况②

笔者通过调查实践，发现投资型保险的纠纷可以归纳成以下几方面：其

① 数据来源：中国银行保险监管管理委员会网站，自 2017 年保险消费投诉情况统计口径发生改变，故未纳入 2017 年与 2018 年进行比较。

② 数据来源：中国银行保险监管管理委员会网站。

一，保险销售人员的说明不实或不当说明。典型如夸大产品收益、夸大保险责任、承诺高收益或者虚假宣传，但是却隐瞒免责条款、退保损失、利益不确定性、合同犹豫期，隐瞒保险期限和不按期交费的后果、隐瞒解约损失和满期给付年限。其二，保险销售人员代签名或代抄录语句。保险销售人员在投保单、保险单等相关单据上代客户签名，或者代客户抄录“本人已阅读保险条款、产品说明书和投保提示书，了解本产品的特点和保单利益的不确定性”的语句。其三，银邮代理渠道保险。通过银行、邮储销售的投资型保险，但保险代理人以理财产品的名义销售保险，或者混淆保险与银行理财、储蓄概念，使保险消费者发生误识。

（二）投资型保险司法案例分析

通过中国裁判文书网检索投资型保险的司法案例，涉及相关判决书共696份，其中分红保险的有331份，万能保险141份，投资连结保险224份。但是，虽然这696份判决书均与投资型保险相关，但很多案件的诉讼焦点仍然在传统保险领域，因此进行二次筛选，经过归纳分析，发现投资型保险的争议主要在于两方面：一是投资型保险契约的效力问题；二是投资型保险的收益与损失赔偿问题，相关判决共216份，因两问题具有相关性，故而常常一份判决书中同时涉及这两大焦点问题。

就争议的具体事由来看，主要在于：一是投资型保险的说明义务问题。① 即保险人究竟有没有履行、或者有没有充分履行说明义务，有没有对投资型保险的相关风险事项进行说明，以使投保人明确相关问题。这是投资型保险中争议最多的问题，占比达90%以上。二是保险人及其代理人代签名、代为抄录语句的问题。② 这一问题事实上与说明义务亦具有相关性。三是投资型保险的相关条款的

① 关于投资型保险说明义务的判决共检索189份，因案例过多，不再逐一列举，在后文具体论证中将采用引用典型案例的方式。

② （2018）吉01民终2573号；（2016）苏06民终3965号；（2016）沪02民终6282号；（2016）苏09民终970号；（2016）冀（06）民终550号；（2016）沪0115民初10315号；（2016）沪0115民初10319号；（2016）豫1521民初363号；（2016）鄂01民终1162号；（2016）沪0115民初10315号；（2016）沪0115民初10319号；（2016）豫1521民初363号；（2016）鄂01民终1162号；（2015）浙杭民终字第3237号。

解释问题。① 如对投资型保险中关于投资收益的计算、保单价值的计算或者满期给付的时间等，这一问题亦常常涉及到投保人的说明义务。（如图 2-4）

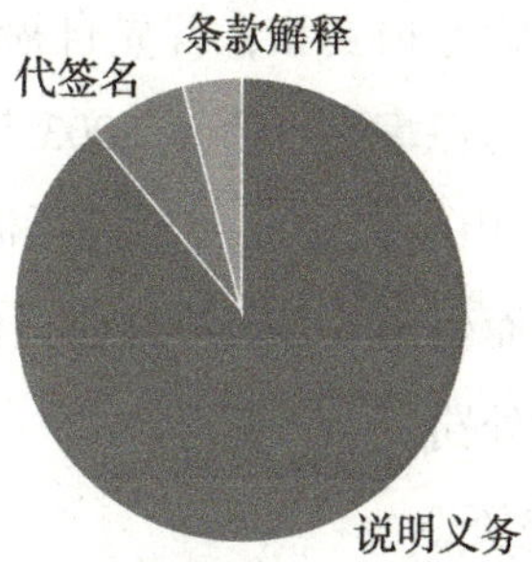

图 2-4 投资型保险典型案例焦点问题

进一步分析直接以说明义务为争议对象的典型案例，发现涉及的问题点主要在于：保险人的行为有否违反说明义务？投保人能否以重大误解为由撤销保险契约？保险人的行为是否属于欺诈？投保人能否主张惩罚性赔偿等。（如图 2-5）

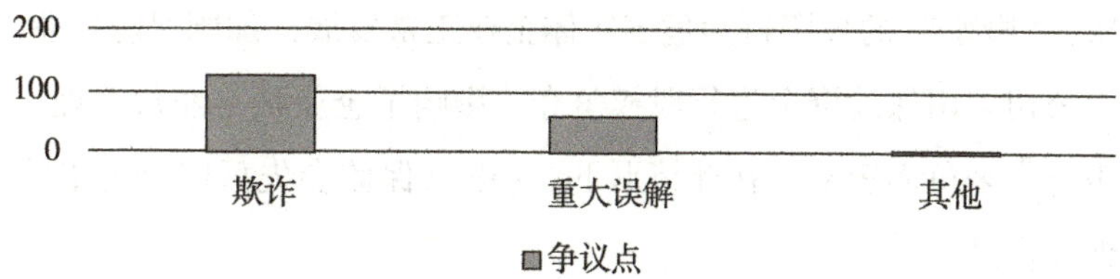

图 2-5 投资型保险说明义务之争议点

二、投资型保险的市场风险

（一）我国投资型保险的风险事件

1. 投连险退保风波

① （2019）渝 01 民终 2241 号；（2017）黑 09 民终 367 号；（2017）鄂 0106 民初 4669 号；（2017）鄂 0106 民初 4669 号；（2016）沪 02 民终 6282 号；（2017）云 26 民终 547 号；（2016）苏民再 21 号；（2017）湘 0682 民初 1567 号。

我国自1999年10月由平安保险率先推出“世纪理财投资连结保险”后，其他保险公司纷纷相继推出投连险业务，期间曾出现两次影响力较大的退保风波：① 第一次退保风波始于2001年，由于股市下滑，平安投连险的投资收益出现负数，但平安业务员却隐瞒亏损真相，首先自福州发生16万元的集体退保事件，而后又在上海发生多起退保事件，直至2003年各保险公司被迫停售。第二次退保风波出现在2008年，山东保监局收到投诉海康保险的案件233件，多是涉及银行代销投连险业务，而生命人寿天津分公司也因投连险违规操作，遭遇集体退保，并受到监管部门的处罚。

2. 万能险违规利用保险资金

在2014年至2016年，保险公司举牌次数达到260余次，参与举牌公司个数约为150家，举牌资金规模多达3000亿元。其中，利用保险资金作为举牌工具的次数占到了举牌总次数的33%，参与的公司为48家。② 但是随后带来诸多风险：③ 首先，资本市场波动影响保险投资收益和业务稳健性，2016年，股市开始大幅波动，沪指下跌12.31%，深证成指下跌19.64%，由于股票市场的走低和震荡，一半以上被险资举牌的公司的股票价格大幅下跌，给保险公司带来投资亏损。其次，“野蛮”的投资行为危害实体企业正常发展，加剧保险行业声誉风险。个别保险公司利用保险资金进行股权争夺，影响了企业正常经营管理，也给保险行业的声誉带来负面影响。在此情形下，（银）保监会先后叫停万能险与非寿险投资型保险产品。

3. 香港投连险巨亏事件

2019年6月，AXA安盛香港此前曾推出一款105非保证连系式产品（投资型保险），称之为Evolution，该平台上有上千支基金作为被保险公司筛选后的投资标的，以供专业投资者（professional investor）进行选择。其中的一支基金“Hong Kong Investment Fund SP”（香港投资基金，下称“HKIF”基金）出现了

---

① 王焕平：《对我国两次投连险退保风波的思考》，载《中国保险学会第二届学术年会入选论文集（实务卷）》，2010年。

② 崔晓宁：《前海人寿利用万能险股市配资风险的案例分析》，上海师范大学2018年硕士学位论文。

③ 郭金龙、黄晶晶：《改革开放四十年来我国保险业风险及其防范措施》，载《证券时报》2018年10月8日，第A022版。

严重“违约”，致使投资了这支基金客户的账户价值一夜暴跌95%，导致200多名投资者的总损失高达4亿港元。① 投保人联合要求索赔，但AXA安盛香港认为自己也是受害人，该事件直到现在仍未得到妥善解决。

（二）域外投资型保险的典型风险事件

1. 日本变额保险风险事件

日本寿险公司销售一款与银行合作的“融资型变额保险”，要求保护必须以土地作担保向银行贷款，再以贷款所得资金缴纳变额保险趸缴保费，销售量达约4万件，金融至少达至7兆日元。但随着1990年日本经济持续下滑，保险业务员销售保险所宣传的投资报酬率化为泡影。受害保户向寿险公司反映未果后，纷纷向法院起诉，至1999年判决数达600件，获得赔偿者不到10%，引发了至少4起自杀事件。②

2. 英国投资型保险风险事件

保险制度在英国相当发达，且大众对于投资型保险的理解很普及，而推销保险商品的业务员或经纪人，实际上都是精通商品内容，少见夸大宣传，客户通常也都是充分理解商品特性之后签约，故投资型保险商品推出后，在英国之发展相当顺利，除了1993年的个人退休金不当销售案。保险销售人员违反规定，将个人退休金（投资型保险）销售给原较适合参加或继续留在职业退休金计划（定额保险）中之人，而造成客户之损失。最后证券及投资委员会不得不出面发布准则，对损失者进行补偿。③

第三节　反思：投资型保险的现行法规制

根据以上投资型保险的发展现状与实践分析，可发现投资型保险主要存在两大问题：一是投资型保险的销售误导。保险销售误导与理赔难被称为保险行业的两大顽疾，前者主要存在于人身保险，而后者主要存于财产保险。保险销售误导

---

① 吕笑、颜石丹：《4亿亏空 谁“引爆”了安盛》，载《商学院》2019年第7期。

② 陈人豪：《投资型保险不当行销民事救济之研究——以保险人责任为中心》，政治大学2004年硕士学位论文。

③ 黄惠贞：《投资型保险纠纷之研究》，淡江大学2013年硕士学位论文。

发生在人身保险契约缔结前或缔约过程中，是保险业者（包括保险公司、保险代理机构以及保险从业人员等）不当利用信息优势地位，通过欺骗、隐瞒或者诱导等方式而从事的利己行为。投资型保险的契约纠纷与投资型保险的大规模退保事件，都与保险销售误导具有直接相关性。二是投资型保险的市场风险。主要在于保险公司对于投资型保险资金的运用，以及对保险市场及相关市场的影响。要解决以上问题，首先得从理论上探讨投资型保险的法律定位，以明确投资型保险应当由何种法律予以规制，再来讨论具体的规制问题。考虑到保险法最大的特色即在于以公私法合并的形式，调和保险纯粹合同概念与保险现实市场的逻辑鸿沟，因此对于保险契约的规制既要考虑到单个保险契约的完备，又要考虑到保险整体市场的有效发展，故而从契约法与监管法两方面进行探讨。

第三章　投资型保险的法律属性[①]

传统保险以保障为其首要甚或唯一功能，是为确保经济生活的安定，对特定危险事故发生所致的损失，集合多数经济单位，根据合理计算，共同聚资，以为补偿的经济制度。[②] 然而随着保险业的发展，保险产品愈加多元化，保险不仅具有分散风险的保障功能，还被引入与其他金融产品相媲美的投资功能，新型保险产品应运而生。新型保险，是在“风险转移”之外，具备“投资”性质的保险，故又称为投资型保险。我国“投资型保险”的概念十分广泛，包括所有不同于传统保险的新型保险产品。其中，人身保险有投资连结保险、万能保险与分红保险等，被称为“人身保险新型产品”，而财产保险则分为预定收益型产品与非预定收益型产品，被称为“财产保险投资型产品”。投资型保险兼具保障性与投资性，克服了因通货膨胀与利差损所带来的弊端，自其产生便得到迅速发展，但也因其风险性与价值的不确定性突破了投保大众对传统保险的认知，保险当事人常常就投资型保险的销售与理赔发生纠纷，因而亦备受诟病。

投资型保险存在的问题，很大程度上在于未落入契约法的框架进行探讨，以至于在法律适用上不甚清晰。投资型保险的各产品因运作方式的差异与风险大小的不同，无法在具体监管中一概而论，故而也难以统一，但可以在契约法中进行系统性分析。从形式上看，投资型保险似乎是一种混合性金融商品；从监管实践来看，我国从来都是将其作为一种保险商品，然而就我国《保险法》的具体条文而言，保险之定义能否涵摄“投资型保险”？从契约法的角度而言，可以在相当程度上界分为保险部分与投资部分，这种界分是否因设置投资账户而有所不同？

---

① 该部分主要内容源于前期发表成果：《论投资型保险在契约法的定位》，载《保险研究》2017年第9期。

② 袁宗蔚：《保险学：危险与保险》，首都经济贸易大学出版社2002年版，第52页。

概言之，保险的本质是预先集合感受同一危险威胁的多数人，依大数法则计算缴纳保险费，以分散危险;① 投资部分则由保险人依投保人的指示在限定范围内进行投资活动。显然，投资部分正是投资型保险区别于传统保险的独特所在，但是其究竟有何特性，依何种原理运行，对当事人的权利义务有何影响？进言之，投资部分与保险部分大异其趣，两者虽于形式上统一于投资型保险契约，但其是两个单一契约构成的契约联立，抑或是混合契约，又当如何适用法律？再言之，投资型保险一直深陷究竟为保险抑或为证券的争议，若将其定位为保险，又当如何以保险契约法进行规范？以下将围绕这些问题进行展开，以探求投资型保险在契约法上的定位，亦为投资型保险的法律规制奠定理论基础。

第一节　保险定义的审思②

在学术界，为了清楚、明了并且尽可能精确地确定概念的意涵，就须对概念下定义,③ 但如果试图对保险下定义是不可避免的，那么就如同以前试图攀登勃朗山峰一样，也会失败。对于经济学家来说（也许对于律师也是一样），保险的概念是一块多面的棱镜。④ 概观我国《保险法》，其总试图通过下定义的方式明确每一概念，保险、保险合同、人身保险、财产保险等是，然对保险下一准确的定义却并非易事。给一概念下定义，即应用精炼之语句、简明之方式，将此概念反映对象之特有属性或本质属性明确揭示出来。⑤ 然而我国《保险法》上关于"保险"的定义实属冗长，而将"保险"与"保险合同"分别定义，于句法上的疏漏，以及定义本身的不周延，实乃在于未超脱保险之外在特质而揭示其本质。关于保险的本质，各学者穷其智慧以求对所有保险予以合理的解释，然而依保险险种的不同实有不同的本质，且相互间的矛盾难以调和。根据不同的动机，可以

① 陈猷龙:《保险法论》，台北瑞兴图书股份有限公司 2010 年版，第 1 页。

② 该部分主要内容源于前期发表成果《保险之定义亟待修正——以我国〈保险法〉第二条评析为中心》，载《湖北警官学院学报》2014 年第 7 期。

③ ［德］普珀:《法学思维小学堂——法律人的 6 堂思维训练课》，蔡圣伟译，北京大学出版社 2011 年版，第 29 页

④ ［英］克拉克:《保险合同法》，何美欢、吴志攀译，北京大学出版社 2002 年版，第 1 页。

⑤ 陈克守、刘金文:《逻辑学》，山东人民出版社 2008 年版，第 21 页。

将马定义为一项动产，一种运输工具，或者一个体态稍大一点的宠物；正如对马有这样多的定义一样，保险的概念也有许多种，但是没有任何一种解释能够适用于所有的目的。① 这样的尝试最终沦为失败。既如此，法律人有证立其涵摄的需求，热衷于定义每一法律概念；保险的定义于契约法上亦有其重要性，放弃对保险做统一定义，而依保险的分类分别定义无疑是最好的选择。关于保险的分类，传统上采用财产保险与人身保险的分类模式，看似完美，实则存在诸多问题，倘若能够依循损害填补原则的法理，将保险界分为损害保险与定额保险始能完满。就我国《保险法》上保险定义的修正，依损害保险与定额保险的分类，对两者分别进行定义，并依此建构我国保险法的体系，实乃发展的趋势。而就投资型保险的定义，考量其特殊性，仍须做进一步安排。

一、保险定义的缺憾

我国《保险法》第 2 条明文规定："本法所称保险，是指投保人根据合同约定，向保险人支付保险费，保险人对于合同约定的可能发生的事故因其发生所造成的财产损失承担赔偿保险金责任，或者当被保险人死亡、伤残、疾病或者达到合同约定的年龄、期限等条件时承担给付保险金责任的商业保险行为。"而第 10 条就保险合同之定义明文规定："保险合同是投保人与保险人约定保险权利义务关系的协议。"我国《保险法》从内容上可分保险合同法与保险监管法，因此于总则部分规定"保险"的定义，而于保险合同部分规定"保险合同"的定义，似能收明确之效，但仍存在以下问题。

（一）保险与保险合同分别定义非属必要

关于"保险"与"保险合同"的区分，前者应属注重保险制度本身的意义；后者则属私法上具体个别行为的概念，注重双方当事人间对立契约行为的意义。George E. Rejda 认为保险无法为单一性的定义，从法学、经济学、历史学、精算学、危险理论学和社会学等各种学科都有不同的观点。而保险制度虽有其社会性或经济性意义，但欲以法的角度加以定义时，必以私法的观点及立法技术加以立

① ［美］道宾：《美国保险法》，梁鹏译，法律出版社 2008 年版，第 1 页。

法，亦即自法律的观点而言，保险为一种契约，或为由契约而发生的债权债务关系。① 至于其本质，具有何种特别意义，而得为适用、解释、法条的理论基础，属法的使用者应该研究探讨的对象，欲于私法的范畴规定“前言宣示性”的条文，而无涉及当事人的权利义务关系的拘束力表现，实非保险法存在的本意。② 因此，我国《保险法》将“保险”与“保险合同”分别加以定义，实属不必。

况且《保险法》第 2 条所规定的“投保人根据合同约定……保险人对于合同约定……之行为”，其“行为”即属合同行为，合同即是实现保险目的的工具。因此尽管保险的定义置于总则部分，实亦以保险合同法的角度加以定义。换言之，第 2 条的规定本质上实乃对于保险合同的定义。因此，第 10 条实不必再就“保险合同”进行定义。

（二）保险的定义有违逻辑学的定义方法

以逻辑学的角度解构此定义，其乃采用“种差+属”的方法，即首先找出被定义项（作为种概念）的属概念，是以将某一概念放在另一个更广泛的概念里③，再以种差予以限定。倘若逆向施此方法，省略此定义的种差（即定语），则余“保险，是指……商业保险行为”。“保险”乃种概念，“商业保险行为”即属概念，然而“商业保险行为”的概念显然难以涵盖保险的概念，进一步来说，倘若依私法的观念，“保险”即等同于“商业保险行为”，此属同义语反复，有违逻辑学上种属概念之分。

进言之，种差即是被定义项与包含了被定义项之属概念中其他种概念间之差别。④ 然而，“商业保险行为”除“投保人根据合同约定，向保险人支付保险费，保险人对于合同约定的可能发生的事故因其发生所造成的财产损失承担赔偿保险金责任，或者当被保险人死亡、伤残、疾病或者达到合同约定的年龄、期限等条件时承担给付保险金责任”的情形之外，尚有无其他情形？若并不存在其他情形，则此种差亦无存在之必要；若尚有其他情形，则说明此保险的定

① 桂裕：《保险法论》，台湾三民书局 1991 年版，第 3 页。

② 江朝国：《保险法逐条释义 · 第一卷，总则》，台湾元照出版公司 2012 年版，第 32~33 页。

③ 参见《列宁选集（第二卷）》，人民出版社 1972 年版，第 146 页。

④ 陈克守、刘金文：《逻辑学》，山东人民出版社 2008 年版，第 21 页。

义并不周延。

（三）保险的定义难以涵摄中间性保险

法律人为何要为每一法律概念下定义，在于其有证立其涵摄的需求，① 即将某东西置入另一东西之下，“归入”反映了此含义。② 对于保险来说，之所以为保险下定义，乃在于明确保险的含义，以至于出现某一行为时可准用保险的定义用以判断该行为是否为保险。审视我国《保险法》关于“保险”的定义，在以“投保人根据合同约定，向保险人支付保险费”的前提下，“保险人对于合同约定的可能发生的事故因其发生所造成的财产损失承担赔偿保险金责任”实乃财产保险，是指以财产或具财产价值之利益为承保客体的保险，③ 其遵循损失补偿原则，保险人依“损失多少，补偿多少”承担赔付责任；而保险人“当被保险人死亡、伤残、疾病或者达到合同约定的年龄、期限等条件时承担给付保险金责任”实乃人身保险，因其是以人为标的之保险④，并不存在如财产保险有可供估计的实际损失，其多采用定额给付方式为之，以人身保险中的人寿保险为典型。但是健康保险及伤害保险中的医疗费用保险，其保险的对象虽为人的身体或健康，性质上属于人格权，但因此所产生的医药、手术、住院等费用，皆属可得确定的数额，仍应受损失补偿原则所限，学界称之为“中间性保险”。⑤ 医疗费用保险实是“保险人对于合同约定的因被保险人伤残或疾病所造成的财产损失承担给付保险金责任”，若严格依文义解释，保险的定义难以涵摄此类保险。每一概念应有其内涵与外延，而倘若此概念的定义之外延尚不周延，亦难以准确揭示其内涵。

我国《保险法》上关于“保险”定义的疏漏，将“保险”与“保险合同”分别定义，实则在于没有厘清“保险”与“合同”的关系；而句法之上的不足以至于有违逻辑学的定义方式，以及内容上的缺陷并导致定义尚未周延，实则是

① 参见［德］普珀：《法学思维小学堂——法律人的 6 堂思维训练课》，蔡圣伟译，北京大学出版社 2011 年版，第 36 页。

② 郑永流：《法律方法阶梯》，北京大学出版社 2008 年版，第 58 页。

③ 叶启洲：《保险法论》，台湾三民书局 2009 年版，第 12 页。

④ 郑玉波：《保险法论》，台湾三民书局 2010 年版，第 3 页。

⑤ 参见梁宇贤：《保险法新论》，中国人民大学出版社 2003 年版，第 22 页。

在于没有准确理解保险的含义。保险实是受同类危险威胁之人为满足其损害补偿之需要，而组成之双务性且具有独立法律上请求权之共同团体，其特性有六：共同团体、危险、同一性、补偿之需要性、有偿性、独立之法律上请求权。① 反观我国《保险法》，未能反映保险的特性，因而诸此种种疏漏，皆可归因于此保险的定义没有揭示出保险的本质。

二、定义缺憾的原因：未能揭示保险的本质

对某一概念下定义，必须揭示其概念的本质，然而随着保险业的发展，对保险的本质亦有不同的认识，因此先后出现了损失说、非损失说、二元说等学说，以试图从相应的学说理论揭示保险的本质。依我国《保险法》对保险的定义，"本法所称保险，是指投保人根据合同约定，向保险人支付保险费，保险人对于合同约定的可能发生的事故因其发生所造成的财产损失承担赔偿保险金责任，或者当被保险人死亡、伤残、疾病或者达到合同约定的年龄、期限等条件时承担给付保险金责任的商业保险行为"。实际上是采用二元说作为其理论基础，而依保险学说的发展，二元说的产生实在于克服损失说与非损失说的缺憾。

（一）二元说的产生：于损失说与非损失说的补足

1. 损失说的缺憾

就保险的发展史而言，其乃肇端于海上保险，发展至火灾保险，再发展至人寿保险。在发展至人寿保险之前，无论海上保险抑或火灾保险，其保险标的的船舶、货物或是房屋，皆为财产，此种保险类型的保障目的在于填补被保险人经济上可得估计的损失，② 之所以如此考量，在于保险制度经营上必须避免故意致保险事故发生的情形，如果给付大于事故发生的损失，道德危险发生的可能性极高。此类保险的本质亦皆可用损失补偿原则予以说明，均以损失说概之。损失说强调"无损失，既无保险"，认为保险的功能在于弥补损失。以损失赔偿说为代表，最早滥觞于海上保险，其后又相继产生了损失分担说、危险转嫁说等，此类

① 参见江朝国：《保险之定义及特性》，载《月旦法学杂志（2）私法学篇》，台湾元照出版有限公司 2000 年版，第 64~65 页。

② 汪信君、廖世昌：《保险法理论与实务》，台湾元照出版公司 2010 年版，第 9 页。

学说多从法学上予以阐释，但因其均未摆脱损失及相关的概念，因此难以对人身保险加以说明是其一大缺憾。

此类学说以损失赔偿说为代表，我国台湾地区“保险法”之立法即采此学说：“本法所称保险，谓当事人约定，一方交付保险费于他方，他方对于因不可预料或不可抗力之事故所致之损害，负担赔偿财物之行为。”但凡属海上保险及其他财产保险，其目的都在于赔偿损失，因此保险赔偿损失的观点是恰当的，但对于其他有关人之生死的各种保险，用损失的概念就难以解释了。其他尚发展至损失分担说、危险转嫁说等是，但均因其无法摆脱损失这一概念，是以无法对人身保险加以说明。

2. 非损失说的缺憾

当保险制度跨越至人寿保险时，保险标的由物扩张至人，则因作为法律制度权利主体的人，拥有人格权，举凡生命、身体、健康等法益皆是人格权的核心，人格权无法具体计算其损害，既不能计算损害，则无法就其损害予以填补。因此损失补偿原则可以精确说明财产保险的本质，但却无法说明人身保险的本质，两类保险的本质显然有着较大差别。而损失说的解释于人身保险总难以适用，实是在于其未摆脱损失这一概念，非损失说则真正摆脱损失的概念，于损失观念之外，寻求不同的解释立场，以试图探索保险的本质，为财产保险与人身保险寻求一个共同的上位概念。

然而非损失说虽然开拓了其立足点，发展至需要满足说、所得说、技术说等是，却往往遭遇此等困境，或者虽适用于人身保险，于财产保险却不适宜，或者放弃从保险职能探求保险的本质，而以技术的特殊性作为保险的本质，均可谓挂一漏万，甚或舍本逐末，自是未能妥当揭示保险的本质。

3. 二元说的补足

无论是损失说抑或非损失说，要给保险下一个简短、精确而又令人完全满意的定义是不可能的。在保险文献中可以见到许许多多关于保险的定义，但这些定义都太冗长、太繁杂，而且总会对某些保险不太适用。① 保险学说之所以会产生争议，实乃在于财产保险与人身保险之间不易调合出一个共同的上位概念，但多数学说为符合财产保险、人身保险同为保险制度而为不同险种的现状下，欲将两

① ［挪威］博尔奇：《保险经济学》，庹国柱等译，商务印书馆1999年版，第3页。

制度予以调和，则必须以更为抽象的方式加以定义，甚至必须避开两者相矛盾之处。但若于法律上所为的定义，损失补偿原则所造成的矛盾根本难以调和，因此惟余两种路径：其一，放弃损失补偿原则的解释及在法律上的定义，转而从其他视角为其定义。典型者有经济学的定义，简言者有如“保险是指集合多数同类风险分担损失的一种经济制度”①。或如“保险者，为确保经济生活的安定，对特定危险事故发生所致的损失，集合多数经济单位，根据合理的计算，共同聚金，以为补偿的经济制度”②。其的确在不同程度上揭示了保险的本质，但终将是不可能将此经济学的定义纳入成文法中。其二，即采二元说，该学说认为既然无法找出人身保险与财产保险的共同概念，亦无力超脱各家学说而为保险下一定义，因此主张将人身保险与财产保险分别以不同的概念进行阐释。既然保险合同统一定义，既不可能使用“危险、损失、被保险利益以及经济损失”等概念，亦不可能采用“保险人的给付或给付条件”等概念，对保险合同的综合性定义，应该是“保险合同不是损失赔偿之合同，就是以给付一定金额为目的之合同”，二者只能择一。③ 其承认人身保险与财产保险皆有各自的特性，自不能作统一的定义，因此分别定义两者，但却仍将其统一于保险的定义中，我国《保险法》即是采用此种方式。

（二）二元说的缺憾：于保险法的非恰适性

二元说的定义方式虽然某种程度上完善了损失说与非损失说的不足，但又未免有些许牵强，似有“为能给保险下一定义明知两者难以统一却生硬地将此两者合并”之感，而且其必然只揭示出人身保险或财产保险的本质，而非保险的本质，实属“貌合而神离”。申言之，二元说实则是对损失说与非损失说在形式上的合并，其妥适性依赖于损失说与非损失说分别对某一类保险的准确界定，姑且不论此种方式能否揭示保险的本质，倘若保险分类体系不甚合理，依此方式定义的“保险”必然也难以涵摄穷尽所有保险种类，因此二元说亦存在违和之处。

其实，若从外国立法例加以观察，即便是成文法国家，对于保险有明确下一

---

① 宋明哲：《保险学：纯风险与保险》，台湾五南图书出版公司1997年版，第66页。

② 袁宗蔚：《保险学：危险与保险》，首都经济贸易大学出版社2000年版，第52页。

③ ［日］园乾治：《保险总论》，李进之译，中国金融出版社1983年版，第10页。

定义者，事实上并非多数。如《德国保险契约法》，并未就保险的概念予以明确阐释，立法者对于这一概念的使用也未一致，而学者认为，使用定义将限制了实际概念的运用。①《法国保险合同法》亦是如此。② 既如此，于成文法上为保险下统一的定义已然不可能且亦非必要，但为明确保险的范围、区分各类保险实亦有必要对此进行定义，是故不妨借鉴二元说的理念，以保险分类体系为基础，将不同的保险分别定义。因此，保险的分类就显得特别重要了。

三、定义修正的路径：对保险的分类予以合理安排

承前述，修正保险的定义，应先对保险的分类予以合理之安排。保险的分类可依不同的标准而区分为不同的类型，但观察各国立法例，惟有人身保险与财产保险、损害保险与定额保险属于法律上所采用的分类。

（一）现行法上保险分类的不合理：人身保险与财产保险

我国《保险法》是以保险标的作为分类的基准，将保险区分为人身保险与财产保险。虽然我国《保险法》并未明确这一分类方式，但可通过其第 2 条抑或第 12 条予以佐证。财产保险，“是以财产及其有关利益为保险标的的保险”，保险实务上又称产物保险③，其主要保障的内容为人的财产或可能发生经济上的损失。人身保险，“是以人的寿命和身体为保险标的的保险”，其以人的生命、身体或健康为承保客体。④ 换言之，人身保险契约所保护的内容为被保险人生命身体的完整不受侵害性。

而之所以以保险契约所承保的标的物加以区分，实是与保险的发展以及立法模式密切相关。其一，依保险的发展来看，保险缘起于海上保险，以求冒险性的减少与较大危险的分散，其后欧洲各国受几场大火的危害，深感对火灾的无助，始发展火灾保险；而人寿保险的起源，虽深受互助制度的影响，实最初附属于海

---

① 陈彦嘉：《投资型保险契约适用保险契约法诸问题之研究》，台北大学法学系 2007 年硕士学位论文。

② 参见《法国保险合同法》，孙宏涛译，载《保险法评论（第五卷）》，法律出版社 2013 年版，第 285~287 页。

③ 郑玉波：《保险法论》，台湾三民书局 2010 年版，第 3 页。

④ 叶启洲：《保险法实例研习》，台湾元照出版公司 2009 年版，第 15 页。

上保险，而为商品奴隶死亡的对象，其后推及陆上奴隶生命的保险，最后发展至以自由人为人寿保险的对象。直到19世纪后半期，各种新兴保险业务陆续发展。① 因此保险的发展史就是为一部保险险种的发展史，若然要区分各个险种，最直观也最为便捷的分类基准便是保险标的。其二，我国保险法实行保险合同法与保险监管法的合并立法，保险的分类则不仅需要考量在契约法上的意义，还需考量其在监管法上的意义。对于保险监管而言，财产保险业与人身保险业各自具有一贯的特性，致使经营上亦有不同的需求，例如风险实现的常态规则、风险类型、保险金额大小、再保需求强度、契约期间长短、资金运用方式、保险费积存金、责任准备金，甚或在产业经营模式，均有不同的特性与需求，② 因此产险业与寿险业一向分而治之，保险的分类也依此而划。

然而此种分类方式在保险契约法上则易滋生诸多问题。其一，以保险标的之外在性质将保险区分为财产保险与人身保险，但其内在区分实则在于能否适用损失补偿原则，但两者实则存在矛盾。因财产保险的目的为填补投保人的财产损失，因此为防止投保人于保险事故发生时，所受领的保险给付超过投保人的实际损失，则应适用损失补偿原则。而人身保险的保险给付多采用定额给付的方式，即保险金额于投保契约时已确定，于保险事故发生时依保险金额为全部或部分给付，此乃基于生命无价的概念，而客观上无法以金钱加以衡量，自无损失填补原则适用的余地。但就医疗费用保险而言，其目的仅在于补偿被保险人因治疗所产生的费用，被保险人不得因疾病或受伤受有治疗而获取不当利益，因此损失补偿原则仍有适用的余地，其究竟属于人身保险抑或财产保险？其二，现行保险法所采用的分类，将导致如复保险、保险代位、超额保险等制度在保险契约适用范围上的争议。复保险与保险代位制度的规范目的乃在于避免被保险人于保险事故发生时所得受领的保险给付大于其蒙受的实际损失，而违反损失补偿原则，以触发道德危险。倘若以财产保险与人身保险的分类，作为损失补偿原则所派生的复保险、保险代位的规范是否适用的标准，将使得人身保险中属于损失补偿保险的医

---

① 参见袁宗蔚：《保险学：危险与保险》，首都经济贸易大学出版社2000年版，第143~155页。

② 江朝国：《保险法逐条释义·第一卷，总则》，台湾元照出版公司2012年版，第459页。

疗费用保险等无从适用，显有不合理之虞。① 上述问题所产生的缘由，实则在于保险分类的不合理，有违损失补偿原则的适用，因此，保险契约权利义务的安排若有分类必要，应着眼于“损害填补性质”的不同而加以分类。

（二）立法上保险分类的应然安排：损害保险与定额保险

因传统财产保险与人身保险的分类产生诸多问题，已为学者所诟病，故逐渐摒弃保险法中传统“财产保险”与“人身保险”的分类，而从保险本质上作区分，将保险分为“损害保险”与“定额保险”。

依“损害填补性质”的不同而加以分类，承保的损害——得以一定金钱价值估量者，称“损害保险”，且因此时所生的损害或需要可以具体的经济上不利益计算的，又称“填补具体需要保险”,② 于保险事故发生时应得的保险给付，仅限于补偿保险利益受侵害的范围内，凡财产保险皆属之。承保的损害无法以一定金钱价值估量者，而由保险人与被保险人约定一定金额者，称“定额保险”，且因此时所生的损害或需要无法以具体的经济上不利益计算之，诚属被保险人抽象的损害，故又称“填补抽象需要保险”,③ 其于生命身体的无价性，保险金额由保险契约当事人约定，于事故发生时直接以之为支付额，而无超额保险或复保险发生的可能。④

这一分类方式可弥补传统财产保险与人身保险分类的不足。财产保险与责任保险由于其保险利益的存在基础以经济上的利益为限，故均属损害保险，然人身保险的保险利益存在基础则可以是经济上的利益，亦可以是身份上的利益，因此有损害保险与定额保险的区分。人身保险因含有定额给付与损失填补不同性质的险种，区分为人身保险与财产保险则难以厘清保险契约的权利义务关系，而损害保险须受损失填补原则的限制，定额保险则完全不受损失填补原则的限制，故将保险契约区分成损害保险与定额保险，方能紧扣保险契约主要目的——损害填补，探讨何种分类下的损害本质上无法足额填补，又何种分类下的损害本质上可

① 汪信君、廖世昌：《保险法理论与实务》，台湾元照出版公司 2010 年版，第 12 页。

② 参见江朝国：《保险法基础理论》，中国政法大学出版社 2002 年版，第 84 页。

③ 参见江朝国：《保险法基础理论》，中国政法大学出版社 2002 年版，第 84 页。

④ 梁宇贤、刘与善、柯泽东、林勋发：《商事法精论》，台湾今日书局 1996 年版，第 522~523 页。

以获得足额填补，据以划定保险填补的界限——损失补偿原则适用，进而正确适用复保险、保险代位及超额保险的规则。①

这种分类方式已影响诸多国家的立法，德国、日本等是。《德国保险契约法》第 1 条第 1 项规定："损害保险的保险人有义务于保险事故发生后，按照契约填补要保人因保险事故所生的财产损害。人寿保险与伤害保险，及其他人身保险的保险人有义务于保险事故发生后，以固定金额或年金方式给付约定金额或其他约定的给付。"② 亦即《德国保险法》对于保险的定义是采取损害保险与人身保险分别定义的立法模式。日本的立法方向亦同，《日本商法典》分别定义了损害保险契约与生命保险契约，而自《日本保险法》出台后，其于第 2 条规定保险契约种类有"损害保险契约""伤害疾病损害保险契约""生命保险契约""伤害疾病定额保险契约"③ 日本在其商法典于保险分类的基础上，新增"伤害疾病损害保险契约"与"伤害疾病定额保险契约"，将损害保险契约与定额保险契约上加以区隔。虽然《日本保险法》是采损害保险、生命保险及伤害疾病定额保险的三分法，但其内涵仍未脱离损害保险与定额保险的分类。以上均可为我国保险法的分类立法提供参酌。

四、保险定义的修正：兼论投资型保险的定义

承上述，依保险契约法的法理及参酌世界的立法方向，待我国《保险法》未来修订之时，于保险的定义，应以损害保险与定额保险的保险契约分类方式为基础，采用分别定义的立法模式。进言之，我国《保险法》采用保险合同法与保险监管法合并立法的方式，而人身保险与财产保险的分类方式是以保险经营为基础，这必然使得保险合同上保险的分类受保险监管法的束缚而难以全盘修正。其实，保险合同法与保险监管法本是"一公一私"，性质迥异，早期合并立法乃在于保险业的发展以及保险立法技术尚不成熟。因此，倘若要使得保险契约法上保险的分类更遵循其本质，而又要避免与保险监管法有所扞格，首先应从保险合同法与保险监管法的分立予以修正，即是将保险法的第二章分离出来，另行保险合

① 江朝国：《保险法逐条释义·第一卷，总则》，台湾元照出版公司 2012 年版，第 452 页。

② 参见 2008 年《德国保险契约法》第 1 条。

③ 参见 2008 年《日本保险法》第 2 条。

同法。

而在保险合同法中，保险实亦等同于保险合同，因此毋庸将保险与保险合同分别定义，两者可合并之，并依“损害填补性质”的分类基准，将保险分为“损害保险”与“定额保险”，各依其本质分别定义。保险合同法的立法体系亦应予以相应的修正，即《保险法》第二章第二节与第三节的节名应以“损害保险”与“定额保险”分别冠之，内容上亦作相应的调整。如此，方能依保险契约的目的，于保险的定义、保险的本质、保险的分类均予以合理安排。

进言之，就现行《保险法》中保险的定义来看，无论是前述人身保险新型产品抑或是财产保险投资型产品均无法被涵摄。纵使在“损害保险”与“定额保险”的分类的情形下，投资型保险仍无法纳入其中。归根结底，实则在于投资型保险的部分特性已经超出了“保险”的范围，既如此，缘何我国保险监管实践中仍然坚持将投资型保险作为保险产品？而其理论依据又在何呢？以下即尝试以“结构-功能”主义的视角，通过契约法理对此进行展开分析。

第二节 投资部分的特性

一、“结构-功能”主义下投资部分与保险部分的界分

我国目前并未对投资型保险进行明确统一的定义，各种投资型保险的运作有较大差异，在投资资金的运用、损益分配的结构以及投资风险的承担等方面均有所不同，但与传统保险比较而言，可归纳为以下特点：其一，部分保费与投资工具相结合。传统保险的投保人以支付保费为对价，换取保险人风险保障的承诺。而投资型保险的投保人所支付的保费，实际上可分为两部分，一部分用于传统保险保障功能的实现，另一部分则与投资工具相结合，以实现投资功能，这种界分在设置专门的投资账户时则更为明确。事实上，除分红险与预定收益型产品外，其他投资型保险均有分离账户①的设置。投保人将部分保费划入分离账户，用于购买各种金融商品。其二，投资绩效将影响保险给付的额度。传统保险中，保险

① 投资连结保险中称投资账户，万能保险中称万能账户，非预定收益型产品中称个人账户。

人利用所筹集的保费进行投资规划，以履行对投保人的保险给付并谋取自身利益，所以保险人在条件成就时所获得的保险给付额度是相对确定的。但由于投资型保险的部分保费与投资工具相结合，如分红险的收益主要源于保险公司的盈余，而万能险与投资连结保险的收益则直接源于所选择的分离账户的收益，①保险给付的额度随投资绩效而变动。其三，投保人自担投资风险。传统保险的保险人以固定利率为基准，承诺投保人确定的保险给付，保险资金的全部投资风险由保险人承担。但设有分离账户的投资型保险，因分离账户直接与其他金融商品相连，因此存入该部分的资金直接由投保人承担投资风险；而未设立分离账户的投资型保险，因为比传统保险的价格更为昂贵，依据对价平衡原则，超出危险保障的保费即可视为投资，且投资收益受保险公司投资绩效的影响，实际上投保人亦间接承担了该部分资金的投资风险。

以社会学的"结构-功能"主义方法对投资型保险进行观察。所谓的"结构-功能"主义，是在描述各个变量的值，要涉及具体历史个例的参照架构的内部构造，以及把历史个例分解成各个部分或单位的各种可能方式，也涉及这些单位在客观上可能的各种组合所形成的越来越复杂的结构。②大凡谈到结构，涉及的总是可以观察到的关系和相互作用，在一个人们可以说是通过调节作用保持自己守恒性的总体"体系"里，结构与功能是不可分的。③在单纯从整体上无法揭示投资型保险的本质时，考虑将投资型保险进行解构。在投资型保险中，保户所支付的保险费，非仅是用来购买保险，而是将某些部分用于投资其他金融商品，使保户自行承担（部分或者全部）的投资风险，于保险事故发生时，保险金额的给付亦随保单价值而有所浮动增减。④在设置分离账户的情形下，保险部分与投资部分因保费划入保障账户与分离账户有明确的区分；而在未设置分离账户时，尽管保费部分无法从账户上作严格的区分，但是通过考察未设分享账户的投资型

① 参见《人身保险新型产品信息披露管理办法》第18条、第25条、第30条，2009年10月1日。

② ［美］塔尔科特·帕森斯：《社会行动的结构》，张明德、夏遇南、彭刚译，译林出版社2012年版，第832页。

③ ［瑞士］皮亚杰：《结构主义》，倪连生、王琳译，商务印书馆1984年版，第71页。

④ 胡峰宾、郭丽萍：《投资型保险之投资属性对现行法律规范之冲击》，载《法令月刊》2005年第7期。

保险，发现其实它的保费也被实际上区分为两部分，一部分用于风险保障，另一部分则用于投资理财。以“结构-功能”主义来看，被分解出来的单位，必须是在能够设想为与其他部分分开而具体存在这种意义上的该现象的一个“部分”；至于在具体物中实际上是否可能把它们分离开来，在方法论上并不重要。① 因此，我国的投资型保险尽管有设置分离账户与未设分离账户的区分，但仍可以根据功能上的不同，统一将其界分为保险部分与投资部分。在功能上，保险部分在于保障风险，投资部分则是为了实现投资功能。这种界分，使得投保人所享有的契约权利，一方面是传统保险契约中保险保障及相关权益，另一方面则是对于保单账户价值所拥有的权利；在契约给付时，一方面是保险给付，另一方面则是投资成果的给付。所以投资型保险在双重功能的基础上形成了二元结构。(如图 3-1)

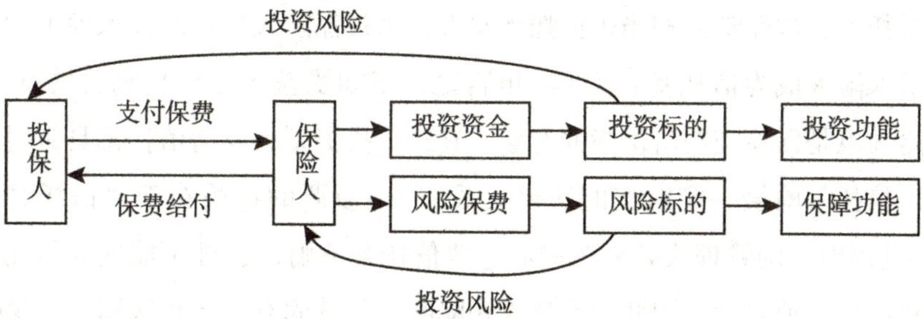

图 3-1　投资型保险双重功能与二元结构示意图

二、投资部分的契约属性：委托抑或信托

关于投资型保险投资部分的属性，通常被认为是证券抑或信托，然从契约关系来看，无外乎是委托关系抑或信托关系。委任（委托）者，谓委任人与受任人约定，由委任人委托受任人处理事务，受任人允为处理之契约。是以在委托法律关系中，仅有委托人与受托人两者。而依投资型保险契约之投资部分来看，其有形式上之投保人与保险人，可堪当于委托人与受托人，但其尚有受益人一说；虽

① ［美］塔尔科特·帕森斯：《社会行动的结构》，张明德、夏遇南、彭刚译，译林出版社 2012 年版，第 832~833 页。

投保人与受益人可为同一人，然亦有并非同一人之情形，是以委托法律关系难以架构投资部分的契约关系。而且委托具有一定的人身性质，故有所谓，“事务之处理，虽不限于以委任之名义为之，但原则上受任人须亲自为之，因委任契约系基于信任关系故也”。但依投资型保险契约的投资部分来看，虽投保人与保险人间亦有相当的信任关系，但因投资部分乃依托保险人专业的投资技术，提高投资功能并增加收益性，因此其更具有财产性质。是故，投资型保险契约的投资部分其契约属性并非委托。

投资型保险投资功能的实现，依托投资部分的运作，使得保险人与投保人的间产生一种异于传统保险契约的法律关系，这种契约关系更似于信托。具体而言，其一，投资型保险符合信托的权义结构。信托契约关系中有委托人、受托人与受益人三方主体，委托人将其财产权委托给受托人，由受托人为受益人的利益进行管理或处分;① 在投资型保险中，投保人相当于信托委托人，保险人相当于信托受托人，被保险人相当于信托受益人，当被保险人死亡时，保险上的受益人取代被保险人成为信托受益人。② 申言之，正如受益人是信托利益的享有者,③ 被保险人也是保险契约所保障的对象。其二，投资型保险与信托都具有财产的独立性。信托是围绕一定财产的法律关系,④ 最重要的特质在于“信托财产独立性”，其以财产的管理或处分为中心，故信托若无财产，即不能成立信托。由于信托财产具有独立性，因此与受托人相隔断，与其固有财产相区别，如我国《信托法》第16条；而投资型保险契约中，由保险人管理投保人所投入的保费，具有代为处理事务的特性，并专设投资型保险账户，单独管理、独立核算,⑤ 账户中的资产亦独立于保险人的固有资产，恰如信托财产所具有的独立性。其三，投资型保险与信托的运作方式相同。以投资连结保险为例，投保人对于投入分离账

---

① 参见《中华人民共和国信托法》第2条，2001年10月1日。

② 李理：《投资连结保险：法律属性及与现行保险法的冲突》，载《河北法学》2005年第4期。

③ [日] 能见善久：《现代信托法》，赵廉慧译，中国法制出版社2010年版，第1页。

④ [日] 道垣内弘人：《信托法入门》，姜雪莲译，中国法制出版社2014年版，第13页。

⑤ 参见《分红保险精算规定》第13条，2015年10月1日；《投资连结保险精算规定》第4条，2007年10月1日；《万能保险精算规定》第5条，2015年2月16日；《关于进一步加强财产保险公司投资型保险业务管理的通知》第13条，2012年4月28日。

户中的保费配置具有决定权，使其能直接参与投资，承担账户投资标的的投资盈亏，保险人并借此收取账户管理费用，且每一保单现金价值系按照其持有的投资单位数与分离账户资产总值的比例计算，通过这些特征可知分离账户实类似于证券投资基金。① 虽然其他投资型保险产品的具体运作方式各异，但都符合信托“受人之托，代为理财”的本质。

投资部分所具有的特性，使得当事人的权利义务关系有所改变，具体表现在保险人的说明义务。因为一方面，投资型保险更具投资性与风险性，脱离了传统保险风险保障的原理，也超越了投保人对一般保险的认知。因此在信息获取与掌控方面，由于投资型保险新增加了投资风险，打破了传统保险中平衡的风险分担机制，保险人依靠专业知识掌控了投资信息，从而获得优势地位。② 正是信息不对称的存在，导致投资型保险的销售误导现象特别严重。③ 为维护公平交易的需要，应对保险人的说明义务进行适当的扩张。另一方面，既然投资部分具有信托契约的属性，那么当事人的权利义务也可参照信托契约关系进行调整。信托乃以信任为基础，故而课以受托人相应的义务，最重要的即是忠实义务，是指被信赖托付的一方对他方所应尽的忠诚且笃实的义务，是一种以他人利益优先于自己利益而行为的义务。④ 对保险人课以忠实义务，事实上也是对诚信原则的遵循，具体表现为保险人不仅要履行说明义务，还应履行由说明义务所延伸的信息披露义务，并满足适合性原则的要求。但这种法律规范的参照适用，能否从投资部分扩及整个投资型保险契约，还须进一步分析保险部分与投资部分的关系。

第三节　投资部分与保险部分的关联

一、投资部分与保险部分的关系：混合契约抑或契约联立

投资型保险契约在功能上的界分，保险部分自是承继保险契约的属性，而投

① 张冠群：《台湾投资型保险商品分离账户法律规范的检验——理论与比较法之观察》，载《政大法学评论》2009 年第 109 期。

② 李溪鹏：《投资型保险风险分担的法律规制》，载《求索》2015 年第 4 期。

③ 李涵：《投资连结保险发展的主要问题及解决途径研究》，载《长春理工大学学报（社会科学版）》2014 年第 10 期。

④ 谢哲胜：《信托法》，台湾元照出版有限公司 2009 年版，第 53 页。

资部分则依信托原理运作。探讨两者的关系，明确投资型保险的契约类型，其意义在于准确适用法律，以及完善相关法律以规范此种契约关系。以法律是否设有规范并赋予一个特定名称为标准，将契约区分为典型契约与非典型契约，① 投资型保险契约因现行法未明文规定而作为非典型契约，即可能是纯粹非典型契约、混合契约或者契约联立。纯粹非典型契约，即是以不属于任何典型契约的具体事项为内容的契约，投资型保险契约显然不属于此，故只可能是混合契约抑或契约联立。契约联立是指数个契约（典型或非典型）具有互相结合的关系，而混合契约则指由数个典型（或非典型）契约的部分而构成的契约。② 因此契约联立是数个契约的结合，联立的各契约在非联立的情形下也可以成为数个单一独立的契约，强调其独立性；而混合契约的构成部分虽然具有不同的契约属性，但混合契约在性质上属单一契约，这是混合契约与契约联立的最大区别。

就投资型保险契约而言，当为混合契约，而非契约联立。原因在于，其一，保险部分与投资部分具有依存关系，投资部分不可能脱离保险部分而独立存在，故难以成立契约联立。对于投资型保险契约性质的判断，有学者认为应视投资型保险商品的设计分别认定：若某一投资型保险的“保险费”与“给付金额”均得明确区别保险与投资的成分而个别计算，应认定为契约联立关系，反之，则为混合契约。③ 诚然，在设置专门分离账户的情形下，保险部分与投资部分则依保障账户与分离账户而分别运作，有“保险费”与“给付金额”的界分。但事实上，分离账户必须以保障账户的存在为前提，换言之，在现行法的框架下，保险人不可能为投保人单独开设分离账户，因此保险人与投保人之间也不可能单独形成信托契约。而在未设置专门分离账户的情形下，投保人所支付的保费仅仅是功能上的界分，投资部分自是没有单独运作的可能。所以，投资型保险契约不是数个契约的联立。其二，依契约当事人的意思表示，认定为混合契约更为恰当。其实，混合契约与契约联立区分的界限较为模糊，究竟是组成的部分为单一契约抑或契约分子有时亦实难判断。在明确混合契约为单一契约，而契约联立为复数契约之外，更为重要的是依当事人的意思表示加以认定。德国通说认为，是否为一

① 韩世远：《合同法总论》，法律出版社 2011 年版，第 48 页。

② 王泽鉴：《债法原理》，北京大学出版社 2013 年版，第 137 页。

③ 叶启洲：《投资型保险契约无效时之保险费返还与缔约上过失责任，载《环球法律评论》2014 年第 6 期。

个或仅仅是数个独立契约同时成立，必须通过当事人意思表示的解释才能加以确定。① 也就是说，如果当事人缔约的经济目的并不重视契约的个别性，就可将其视为一个整体而以混合契约来对待。② 就投资型保险契约来看，其实际运作虽具有不同契约的属性，但从作为契约当事人的投保人与保险人出发，其必然不以为自己所签订的是两个契约，故作契约解释时也无必要将其解释为两个契约的联立，而解释为混合契约更为适宜。

二、投资型保险契约：从混合契约向典型契约转型

混合契约最大的难题，在于如何适用法律，投资型保险契约也是如此。依契约自由原则，当事人在不违反强制性规范及公序良俗的前提下，可订立任何内容的契约，称为“契约类型自由主义”。③ 以混合契约为代表的非典型契约的大量存在，正是应现代交易的需要，但也面临着如何适用法律的难题。原则上，作为契约自由原则之产物的非典型契约，法官于解决当事人所订非典型契约纠纷时，自应先行尊重当事人约定，若当事人并无约定，或当事人约定不明确时，自可适用民法总则及债篇通则有关契约之规定；若契约内某一事项，与民法债篇各种之债所定典型契约相符合时，亦可适用有关典型契约之规定；如全无可资适用之法规，而有习惯时，应适用习惯，无习惯时应依法理解决。④ 就投资型保险契约如何适用法律的问题，应根据是否设立专门的分离账户，将投资型保险分属不同的混合契约类型，⑤ 应用不同的法律适用方式。⑥ 未设立分离账户的投资型保险，实属于典型契约附其他种类的从给付，有如分红险与预定收益型产品，实际上只是在传统保险契约的基础上增加分红或其他理财功能，保险部分为主要部分，投资部分为非主要部分。对此，原则上仅适用保险契约的规范，因为非主要部分被

---

① 高润恒：《保理合同中的应收账款债权转让研究》，清华大学 2006 年博士学位论文。

② 崔建远：《合同法总论（上卷）》，中国人民大学出版社 2011 年版，第 59 页。

③ 韩世远：《合同法总论》，法律出版社 2011 年版，第 48 页。

④ 曾隆兴：《现代非典型契约法论》，台湾三民书局 1986 年版，第 4~5 页。

⑤ 混合契约有四种类型：典型契约附其他种类的从给付、类型结合契约、二重典型契约、类型融合契约。具体分析参见崔建远：《合同法总论（上卷）》，中国人民大学出版社 2011 年版，第 57~58 页。

⑥ 对于不同混合契约类型的法律适用，参见王泽鉴：《民法债编总论 · 基本理论 · 债之发生》，台湾三民书局 1993 年版，第 97~98 页。

主要部分所吸收。而设立分离账户的投资型保险，当属于类型结合契约，典型如投资连结保险以及其他设立分离账户的保险产品，应对保险账户与分离账户分别适用各部分的契约规范，并依当事人可推知的意思进行调和。但是，尽管原则上可以如此适用，仍将面临不少难题，比如在投资部分为非主要部分的情形下，投资型保险也与传统保险有所不同，故而仍应使得保险人承担更严苛的说明义务，但现行保险法并未明文规定。又如分离账户的属性显然与保险契约有所扞格，能否突破现行保险法依损失补偿原则、最大诚信原则与对价平衡原则所构建的规范，也是尚存争议的问题。

因此，对于投资型保险契约的法律适用，应当从解释论转向立法论，实现由混合契约向典型契约的转型。其实，自投资型保险产生以来并经过长时间的发展，已经形成以“投资+保障”为基础的自有特点，我国保监会虽然也有相关政策法规专门规范投资型保险，但仅是从监管法的角度，而非从契约法的角度予以调整，故无法妥善调适契约当事人间的关系。法律在契约类型自由主义下创设典型契约，其主要机能有二：一则以任意规定补充当事人约定的不备；另一则是以强行规定保护当事人的利益。① 正因如此，非典型契约自产生之后，经过一定的发展阶段，当其基本内容与特点已然形成并具有成熟性与典型性时，立法应作相应调整，使之成为典型契约。所以，投资型保险的法律适用，还是依赖于我国未来的立法，而究竟将投资型保险置于何处，具体适用何种法律，关键在于对投资型保险契约的法律定位。

第四节　投资型保险的定位

投资型保险契约作为混合契约，同时具有保险契约与信托契约的属性，但信托仅是作为一种为满足经济需求的财产管理制度，故而要实现向典型契约的转型，还必须明确投资型保险究竟应定位为何种金融商品：保险还是证券，或者是不同于保险与证券的混合型金融商品。虽然投资型保险兼具保障与投资的双重属性，但从法律规范以及节约立法成本的角度而言，仍应试图将其纳入现行法律框架进行调整，是以有定位为保险抑或证券的争议。值得说明的是，尽管从学界的

① 王泽鉴：《债法原理》，北京大学出版社 2013 年版，第 139~140 页。

观点上有所谓的“证券投资商品说”“单纯保险商品说”“混合性金融商品说”，但是从各国或地区之监管实践来看，纵使是“混合性金融商品”亦必须纳入现行法框架，是以对于投资型保险的界定往往仅是涉及界定为保险抑或证券之争议。美国较早开发投资型保险的国家之一，其投资型保险亦较为成熟，它对投资型保险的界定对其他国家具有较大的借鉴与参考意义。在此基础上，立足于我国的立法框架与现实背景，再来探讨我国的立法选择。

一、美国投资型保险的定位

美国对投资型保险的定位通过两种方式：一是以“投资契约”为审查标准，端看投资型保险是否满足“投资契约”的定义；二是从经济实质面去观察商品的内涵，检视投资型保险是否符合证券商品的特征。在司法实践中，往往结合两种方式进行共同审查，两者均满足则认定为证券。

（一）以“投资契约”为审查标准

美国联邦最高法院于 SEC v. W. J. Howey Co. 案①发展出检验系争商品是否属于投资契约的 Howey Test 的审查标准，若符合投资契约概念者，即属于证券法上的有价证券，应受美国联邦证券法规的规范。联邦最高法院于本案中提出证券法上“投资契约”的定义，是指投资人借此契约、交易或计划，投入金钱于一共同企业，并期待利润完全源于发起人或第三人之努力而获得。申言之，除了要求契约、交易或计划外，亦要求投资契约必须具备四个要件：一是金钱的投资；二是共同的企业；三是获利的期望；四是获得来自于第三人的努力。如全部该当此四个要件，则符合投资契约的概念，属于 1933 年证券法下之有价证券。② 详言之，其一，金钱的投资。Howey Test 对于投入金钱的要求，重点在于必须以投资为目的，亦即投资人须有获利的意图，而且还要求投资人须因该投资而承担经济上某种程度的财务损失风险。③ 其二，共同的企业。要求考量交易当事人间所存

---

① W. J. Howey Co.，328 U. S. 293.

② Stephen J. Choi，A. C. Pritchard，*Securities Regulation*：*Case and Analysis*，Foundation Press，Thomson/West，2005，pp. 109-110.

③ Maura K. Monaghan，“An Uncommon Sale of Confusion：The Common Enterprise Element of Investment Contract Analysis”，*Fordham L. Rev.* 63，1995，p. 2135.

在的关系，是投资人之投资与发起人之经营努力或财富二者之间所呈现的共同关系。① 其三，获利的期望。这是指投资人期待原始投入的本金能有增值利润或盈余分派的收入；② 并且投资人的购买动机必须为了获得利润而投资者，如以消费或生活所需为目的，则不符合“获取利润”的要件。其四，获利源于第三人的努力。考量可能会有为了规避证券法规相关责任，而设计增加投资人参与少量行政管理努力的要素于投资计划中，以不受投资契约的认定，为此美国联邦第九上诉巡回法院对于获利必须完全来自发起人或第三人的努力之要件并不采用严格解释，认为仅需要该获利主要源自于发起人或第三人的努力，即足以该当于投资契约。③

通过审视“投资契约”的内涵，我们会发现，美国事实上据此建立了“大证券”的法律标准，因此几乎所有具有投资理财功能的金融商品都将被纳入“投资契约”这一概念之下，投资型保险也并不例外。而这一现象产生的原因则关涉到美国的监管制度背景。美国对于证券与保险的监管权是分属于联邦与各州的，证券是由联邦证券管理委员会 SEC 予以监管，而保险则由各州保险监管机关予以监管，虽然也有全美保险监管协会 NAIC，但 NAIC 所制定的文件通常不具有法律效力，而仅是对各州有参照适用的建议意义，所以保险监管权主要归属于各州。在 SEC v. Variable Annuity Life Insuranc Co. 一案中，法院认为州级保险监理所发挥的功能主要在于维持保险公司的清偿能力以及准备金适足性；而 SEC 的监理功能，按照 1933 年证券法，乃是籍由课与证券发行的注册以及备有说明书向投资人充分揭露投资风险，变额保险之所以应归类为有价证券，乃是因为州级保险监理机关欠缺监理投机风险之功能。由此观之，美国大证券概念的确立，实际是一种联邦与各州对金融商品监管权博弈的结果，而将投资型保险解释为证券实际上是排除美国监管系统下由州级保险法独占保险商品监管之不足，并将联邦证券监管机构的介入合理化。

---

① Marc G. Alcser, “The Howey Text: A Common Ground for the Common Enterprise Theory”, *U. C. Davis L. Rev.* 29, 1996, p. 1217.

② United Housing Foundation v. Forman, 421 U. S. 837, 852, 1975.

③ Forman, 421 U. S. 837.

（二）从“经济实质”层面观察商品内涵

美国实务上最早出现的投资型保险的类型就是变额年金，经典案例为 SEC v. Variable Annuity Life Insuranc Co. 案，本案事实乃涉及 VALIC 与 EALIC 两间保险公司所销售的变额年金所给付的投资单位，其净值会因 VALIC 公司的投资绩效而改变，保险费甚至可能会全数亏损，因此该保险契约约定部分风险须由投保人承担。而美国 SEC 就此认为此并非保险，乃有价证券的一种，要求 VALIC 公司应将该保险契约经过证券登记才能销售。① 本案的争点即在于变额年金是否能从 1933 年证券法 Section 3(a)(8)由州的保险机关规范保险或年金契约的豁免，然而经过由美国联邦最高法院审理后，最终判定 SEC 胜诉，确立变额年金为有价证券。判决要点在于②：一是投资风险责任：本案中被保险人的死亡风险看似由保险人承担，但是这仅是表面现象而非契约的实质。此种变额年金契约缺少固定收益的保障，投保人或受益人仅能依照投资组合收益而按其比例获取利润或接受亏损，于是投资风险转由投保人或受益人承担，保险人欠缺风险承担行为。二是没有最低收益保证：在传统的保险概念下，保险人的风险承担为必备要件，亦即于年金保险契约中，保险人至少需承担部分保险金且以固定金额方式给付。本案的投资风险既不由保险人一方承担，保险人也未对投保人或受益人提出最低收益保证。

美国 VALIC 案从“经济实质”层面探讨变额年金是否属于投资型保险，实际上确立了区分证券与保险的基本标准：其一，由谁来承担投资风险责任？其二，有否最低收益保证？值得肯定的是，完全没有最低保障的投资型保险确实难以称之为保险，因为其已经脱离了“风险保障”的实质。但是，保险商品的投保人是否完全不能承担投资风险呢？事实上，投资风险的让渡正是投资型保险的典型特征，也是保险行业产品创新的一个重要突破点，如果完全否认保险商品的投资属性，那么将给保险产品的创新带来极大的阻力。因此，美国 VALIC 案所确立的两项标准，应当同时结合运用，以全面考察投资型保险的实质内涵。

---

① SEC v. Variable Annuity Life Insurance Co., 359 U.S. 65, 1959.

② SEC v. Variable Annuity Life Insurance Co., 359 U.S. 65, 1959.

二、我国投资型保险的定位

（一）保险的特殊形式

投资型保险相较于传统保险而言，都有着鲜明的特点，如部分保费与投资工具相结合、投资绩效影响保险给付的额度以及投保人自担部分或全部投资风险。然而作进一步分析，投资型保险因是否设置分离账户而有所不同。在未设置分离账户的情形下，保险部分与投资部分仅是功能上的界分，保险人的保费并未明确区分使用，此时投资型保险只是在保障功能的基础上附加投资理财功能，被定位为典型契约附其他种类的从给付，这种投资型保险以保险契约为主要部分，故应定位为保险，受保险契约法的规范。而在设置分离账户的情形下，保险部分与投资部分的保费依保障账户与分离账户分别运作，被定位为类型结合契约，投资部分依信托方式运作，与保险相去甚远，似乎更类似于证券。但基于我国现实情况，综合考量多种因素，将其定位为保险更为适宜。理由如下：

首先，从投资型保险的特质来看，投资型保险仍具保障性，并未脱离保险契约的本质。既然投资型保险的保费分别投入保障账户与分离账户，那么可以依据相应账户投入保费的多少来判断保障功能与投资功能孰轻孰重。是以有学者认为，无论投保人选择对人身（或财产）保险部分进行退保，还是保险人和投保人约定不购买人身保险，都可能使得保险的保障功能趋于零。① 但实务上我国并不存在此种情形，人身保险产品中的投连险均规定除年金保险与团体保险外，死亡风险保额不得低于保单账户价值的5%，② 而万能险则将这一比率提高至20%；③（银）保监会也明令财产保险公司不得开发“没有实际保障内容”“零保费”的保险产品。④ 换言之，投资型保险往往都有最低保单利益的保证，无论何种投资型保险，一旦发生约定承保的保险事故，保险人仍须承担保险责任。

其次，从保护投保人的角度观察，保险契约法更能提供妥善的安排。投资型保险的法律定位，不仅关涉法规架构与监管制度的设计，也影响投保人权益受害

① 叶林：《投资型保险：保障抑或投资?》，载《月旦民商法》2010年第27期。

② 参见《投资连结保险精算规定》第2条，2007年10月1日。

③ 参见《万能保险精算规定》第2条，2015年2月16日。

④ 参见《财产保险公司保险产品开发指引》第7条，2017年1月1日。

时救济渠道的选择。有人认为，将投资型保险定位为证券，既可以强调投资型保险商品的经济实质功能，也可以通过证券法的规范课以保险人信息披露义务，以落实投资人（投保人）权益的保障。① 诚然，保险契约法上的说明义务对投资型保险的规范存在不足，但可以从解释论的角度对保险人的说明义务进行适当扩张，缺憾之处则以立法论对此进行补足。而且保险契约法通过课以保险人契约法上的义务，能够使得投保人得到更直接的保护与救济。反观证券法，却是无论如何也无法对投资型保险的保险部分予以规范。

最后，从监管层面考量，投资型保险由保监会来监管，更符合我国的现实。从域外法上来看，将投资型保险定位为证券，并受证券法调整，典型代表即是美国。因美国证券法构建的是"大证券"的概念，其将抽象化、概括性极强的"投资契约"的概念亦涵盖其中，通过对各类金融商品或金融服务归入"证券"和"投资契约"，实现"大证券"概念下的统合规制。② 而"投资契约"的定义相当有弹性，类似于证券定义中一个"兜底条款"，其他定义所不能涵盖的"证券"都可以设法联系到这里。③ 基于此种理念，通过认定投资型保险符合"投资契约"④ 的特性，故而判定其也属于"证券"。然而我国并无此法律背景，因此也无必要作此方面的考量。但值得说明的是，我国正在进行金融监管体制的改革，目前保监会与银监会已经合并成立银保监会，传统上的"一行三会"分业监管体制已经有所松动，若未来能建立统一的金融监管机构，由"机构监管"转为"功能监管"，或许对于诸如投资型保险此类的混合性金融商品能够给予更好的安排。

总之，虽然投资型保险因是否设立分离账户而有所不同，但就目前我国法律背景而言，宜应认定为保险，进而主要由保险法予以规范。我国目前对投资型保险的规范主要是（银）保监会所下达的一系列专门的办法与通知，尽管原则上投

① 刘雅莉：《投资型保单为保险或证券商品之法律定位探讨》，东吴大学 2015 年硕士学位论文。

② 杨东：《金融服务统合法论》，法律出版社 2013 年版，第 214~215 页。

③ 董华春：《美国证券法"投资合同"的法律辨析》，载《证券市场导报》2003 年第 4 期。

④ 参见董华春：《从"Howey 检验"看"投资合同"——美国证券法"证券"定义的法律辨析（一）》，载《金融法苑》2003 年第 2 期。

资型保险也适用保险法，但其所具有的特性使之与传统保险有着较大差异，所以保险契约法也应当作相应的调整。

（二）投资型保险的定义

我国对投资型保险没有统一的定义，在保监会出台的政策法规中有关于各投资型保险产品概念的基本介绍，零散地分布在各级办法与通知中。但无论何种定义，我国《保险法》第2条显然都无法将投资型保险纳入其中。事实上，我国《保险法》第2条本身便备受质疑，无法涵盖除传统人身保险与财产保险外的其他保险，故而应放弃对保险做统一定义，改由对各保险分别定义。所以，可以依据投资型保险的基本特点，尝试对投资型保险作如下定义：投资型保险是指投保人在支付基本保费之外，将其他保费投资在相结合的投资工具上，且投资绩效会影响未来保险给付的额度，投保人必须自行承担全部或部分投资风险，而保险人给予最低程度风险保障的保险。

进言之，投资型保险作为保险的特殊形式，对现行法规范有所冲击，有如保险法上关于保险的定义无法将投资型保险纳入其中，又如保险法上说明义务存在不足，无法对投资型保险进行妥善规范。保险契约法是建构在最大诚信原则、损失填补原则与对价平衡原则之上的，诸多法律条文的立法原理，皆不脱离此三大原则。但投资型保险并非完全依照保险的原理进行运作，是以在某些情形下，这三大基础原则对投资型保险并不完全适用。而在保险监管活动中，因为投资型保险的投资属性为保险市场带来新的风险，因此在信息披露规则与资金运用规则上也要做相应的调整。所以，实有必要在保险法中设立专章规范,① 将投资型保险的特别规范与保险法上应排除的规范，详加规定，并与保险法其他规定相协调，该部分将在后面的章节中进行详细论证。

① 汪信君、廖世昌：《保险法理论与实务》，台湾元照出版有限公司2015年版，第430页。

第四章 投资型保险契约的权义结构

第一节 契约保障的主体

一、保险契约保障主体的探讨①

（一）投保方与保险方的博弈

保险契约的投保方与保险方具有天然的信息不对称，保险具有射幸性，保险制度自海上保险发展起，保险人即受信息不对称的影响，此时被保险人掌握保险标的的相关信息，而保险人却一无所知；然随着保险业的运作趋于专业、技术与复杂化后，被保险人对保险契约条款难以理解，进而陷入信息劣势。② 保险方无法掌握投保方的信息，则无法判断是否应当承保，或合理测定保费，进而对保险的经营制度造成影响，但这种情形可通过课以投保方告知义务予以改善，何况随着大数据时代的来临，保险方更趋于容易地掌握投保方的相关信息，如被保险人的年龄、职业、身体状况等个人信息。对于投保方而言，购买保险产品需要相关的专业知识，而随着保险产品的多元化与复杂化，投保方所需要了解的相关知识则越多，这种情形可以通过课以保险方说明义务予以改善，但对于投资型保险而言，仅通过说明义务恐不足以维护投保方与保险方信息之间趋于平衡。

而受定型化保险契约的影响，投保方与保险方在磋商环节的另一博弈则表现

① 该部分之部分内容源于前期研究成果：《民法典编纂背景下我国保险法之发展——以保险法与民法诸部门法之关系为视角》，载《云南社会科学》2016 年第 1 期。

② 罗俊玮：《论保险监理与保险消费者之保护》，载《万国法律》2013 年第 189 期。

为谈判能力不对等。定型化契约的推行，制约了契约一方当事人的拟约能力，并进而导致契约双方谈判能力的结构性不平等。定型化契约大多具有附合性，故又称附合契约，其与“议商契约”相反，它不是经契约双方当事人经过磋商而订立的，而是由占优势地位一方拟定契约条款的内容，另一方只有接受与否的选择自由。① 在契约当事人一方拟定契约的情形下，当事人之他方，无详细考虑其内容之余地。其中各点，是否有真正之意思一致，不无问题。② 并且绝大多数定型化约款的拟定者往往未能把持超然的地位，而是以契约自由的美名，利用其丰富的知识、经验与技能拟定出完全有利于自己的条款。③ 传统契约法坚守契约自由理论，并进而演绎出“缔约不受强制”“约定必须遵守”“自己责任原则”的基本规则。而其中“缔约不受强制”则包括三个要点，即缔结契约的自由、选择契约相对人的自由与决定契约内容的自由。而在保险领域中，受定型化契约的影响，保险消费者的缔约自由受到极大限制。其一，缔约契约的自由逐渐式微。由于社会进步，分工细密，个人不可能自给自足，为满足生活需要，必须与他人订立契约，以取得民生必需品或其他日用品。④ 现代社会是典型的风险社会，而保险是典型的风险管理工具，就个人经济而言，是未雨绸缪、有备无患；就社会经济而言，是分散危险，集体安全。⑤ 故而人们购买保险商品的目的事实上也是满足自己生活的需要，即满足自己或家人转移生命或财产风险的需要。基于这种需要，人们不得不购买保险产品，反之也在某种程度上限制了保险消费者是否缔约契约的自由。其二，选择契约相对人的自由受到削减。现代国家，一方面由于资本社会化，国营事业、公营事业、独占事业广泛存在，另一方面实行自由经济制度形成资本集中及联合垄断，使“契约相对人选择之自由”在某些领域受到削减。⑥ 而保险行业的垄断有所不同，保险行业的过度竞争常导致行业经营亏损，故而保险行业协会往往通过自律行为遏制行业恶性竞争，但如此则限制了保险公司的自

① 谢盛金：《简明保险词典》，经济科学出版社1986年版，第111页。
② 史尚宽：《债法总论》，中国政法大学出版社2000年版，第14页。
③ 江朝国：《保险法基础理论》，中国政法大学出版社2002年版，第38页。
④ 刘宗荣：《定型化契约论文专辑》，台湾三民书局1993年版，第48页。
⑤ 郑玉波：《保险法论》，台湾三民书局2012年版，第5~6页。
⑥ 刘宗荣：《定型化契约论文专辑》，台湾三民书局1993年版，第48页。

由竞争,[①] 反而无形之中助长了垄断行为。因此，在保险行业自律行为的干预下，保险产品的价格趋同，可替代性不强，使得保险消费者的自由选择权受到限制。其三，决定契约内容的自由几乎不存在。积极推行定型化契约之人，通常乃契约双方具有强大经济实力与优势经济地位之人，使得其能够将拟定的契约条件强加于对方，进而排除了双方就契约条款进行磋商的可能性，这就是定型化契约所呈现的法律上或事实上的垄断。保险契约的内容，多由保险人或保险人的团体或政府主管机关所制定，投保人只能作“取与舍”的决定，一个普通的投保人，无法提出自己所要的保单，或修改保单内的某一条款。换言之，投保人面对保险人所提供的条款内容，并无法实质决定保险契约的内容，只能选择接受或不接受。在此情形下，保险消费者几乎不享有契约内容的决定权，契约双方的意思合致也沦为形式，保险人占据优势地位，造成保险契约双方谈判能力的结构性不平等。

基于信息不对称以及谈判能力不对等，保险方往往占据优势地位，而投保方则趋于弱势，为维护两者在实质上的平等，保险契约法更加倾向于保护通常作为弱者的被保险人以及投保人、受益人，此三者作为投保方被称为“保险消费者”，并得保险契约法予以特别保护。“保险消费者”在概念上属“金融消费者”之一类，更上位的概念即“消费者”。新《消费者权益保护法》将“金融消费者”纳入保护范围，依据法律解释的一般规则，亦将“保险消费者”纳入其中。毕竟，投保人购买保险产品的行为与普通消费者的行为并无不同，本质上都属于一种消费行为，投保人签订保险契约，以支付保费的形式购买保险产品与保险人的服务，用以换取保险人对风险的保障，所消费的保险产品与保险人的服务同样具有使用价值。[②] 因此，在投保方与保险方的博弈中，投保方常常处于不利地位，为维护保险契约双方的均衡，保险契约法常常侧重于保护投保方。

（二）保险契约的中心：投保人抑或被保险人

保险契约属债法上契约之一种，乃双务、有偿、继续性、非要式、射幸及附

① 万静：《首份〈中国保险行业反垄断报告〉发布》，载《中国贸易报》2017 年 3 月 9 日，第 A6 版。

② 郭丹：《金融服务法研究：金融消费者保护的视角》，法律出版社 2010 年版，第 19 页。

合契约,① 故而保险契约与一般契约乃特殊与普通的关系，保险契约具有一般契约的品性，然而保险契约相较于一般契约又有着较大的特殊性，以契约主体的架构为例，契约法与保险契约法有着明显的区别。就契约法而言，乃以契约当事人为中心。契约乃双方以上当事人的意思表示一致的法律行为,② 主要表现为契约当事人的二元对立，故契约当事人是契约关系的中心，这也是“契约关联性”的要求，即订定契约是由双方当事人所为，因此契约关系中的权利义务常常只涉及契约中双方当事人之间，契约的内容以及契约的履行不涉及与双方当事人间所订契约无关的第三人。③ 但在保险契约中，契约当事人即缔结契约的双方——保险人与投保人，而与保险契约有着密切关系的被保险人则属于契约关系人，倘若依一般契约法理则易忽略被保险人的法律地位。两大法系关于保险契约的权义结构有“二分法”与“三分法”的区隔，前者是指作为契约当事人的保险人与被保险人；后者则指作为契约当事人的保险人与投保人，以及契约关系人的被保险人，我国保险法理与立法采用“三分法”。

若以一般契约当事人中心主义的观点，加之投保方为保险契约法所侧重保护的保险消费者，投保人应当为保险契约的中心，但是如此安排却有违保险法的宗旨。理由在于：其一，保险利益的享有者乃被保险人。保险利益概念的诞生，首先源自财产保险，并且已为世界各国所公认其存在的功能性。世界各国对于保险利益理论的发展已经有所差异，特别是在德国就保险利益的概述发展出技术保险利益学说与经济性保险利益学说后，保险利益的概念已然改变，与英美法上的可保利益并不相同。所以常常将英美法上的概念，称“可保利益”，原因在于其功能是作为“是否可保”的要件；而在德国上的概念，则称“被保险利益”，以彰显其作为保险标的的功能。而通过对我国现行法的考察，“保险利益是指投保人或者被保险人对保险标的具有的法律上承认的利益”,④ 被保险人是保险利益的享有者。其二，发生损失者乃被保险人之人身或财产的利益。保险的功能是借共同团体的所集聚的资金填补加入此一共同团体之人因保险事故的发生所遭受的损

① 江朝国：《保险法基础理论》，中国政法大学出版社 2002 年版，第 29~32 页。

② 崔建远：《合同法》，北京大学出版社 2012 年版，第 2 页。

③ 杨桢：《英美契约法论》，北京大学出版社 2007 年版，第 323~324 页。

④ 《中华人民共和国保险法》第 12 条第 6 款，2015 年 4 月 24 日。

害，即“损害之反面即保险利益”，因此对于保险标的物因保险事故的发生而受有损害之人即具有保险利益，亦即保险利益是人与保险标的物的特定关系，此特定关系即为保险契约所欲保障的对象，而不是保险标的物。① 其三，保险制度欲为补偿者乃被保险人，故而被保险人乃保险金给付请求权当然享有之人。既然被保险人享有保险利益，而且是受损失的直接主体，那么也应当享有保险金的请求权，为保险制度所直接补偿的对象。因此，保险契约所保障的主体是以被保险人为中心，如此则在某种程度上突破了“契约关联性”的要求，而与一般契约以契约当事人为中心有所不同。

二、投资型保险契约保障的主体

（一）保障的主体：被保险人抑或投保人

传统保险契约以被保险人为保障中心，投资型保险契约的保障主体则有所不同。从现行法上多数关于投资型保险契约条款内容来看，投资型保险契约中关于投资标的的决策，以及投资标的赎回的决定，皆属投保人的权限，有如我国相关法规定：“投资连结保险产品投保人有权利选择投资账户。投资账户产生的全部投资净损益归投保人所有，投资风险完全由投保人承担。”② 而保险监管机关所规定的投资信息披露对象亦是对投保人，而非被保险人，又如我国相关法规定：“保险公司销售新型产品，应当向投保人出示保险条款、产品说明书。”③ 由此可见，在立法安排上，投资型保险契约的投资契约部分保障的主体更侧重于投保人而非被保险人。此时采用的是“谁投保，谁受益”原则，即将投保人在相当程度上等同于投资人，这符合投资型保险的投资属性。然而如此安排，似乎可能导致投资型保险契约中保障的主体有所区隔，在保险契约部分，可能仍以被保险人为中心；但在投资契约部分，则更倾向于以投保人为中心。

事实上，投资型保险契约属于混合契约，乃单一契约的类型之一，而非契约

① 参见江朝国：《保险法基础理论》，台湾瑞兴图书出版股份有限公司 2003 年版，第 74 页。

② 《中国保监会关于规范投资连结保险投资账户有关事项的通知》第 3 条，2015 年 4 月 1 日。

③ 《人身保险新型产品信息披露管理办法》第 6 条，2009 年 10 月 1 日。

联立。就投资型保险契约的设计思考，其重点是在于希望能将保险给付的内容，与市场上的投资工具相结合，以达到保险金给付数额增加的目的。投保人所缴纳的保费，虽然有一部分是作为投资，但最基本的考量仍然是希望投资型保险的受益人所获得的给付能够增加，这是由保险本质的保障功能所决定的。从缔约目的而言，原则上并不需要因为投资型保险契约区隔成保险契约与投资契约这两部分而有不同的保障主体。因此，在保险契约架构中是以被保险人为保障主体时，而关于投资获利的给付，不应特别认定以保障其他人为目的。是故，投资型保险契约仍应是以被保险人为保障的主体。至于投保人何以自愿为他人的利益投保？此亦如传统保险契约般，属于投保人与被保险人间的内部关系问题。

（二）投保人与被保险人利益的协调

虽然综合考量投资型保险作为混合契约的整体性，并未因其保险部分与投资部分的功能性不同，而刻意将投资型保险保障主体划分为被保险人与投保人，但是投资型保险毕竟具有部分投资属性，与传统保险契约有所不同，在以被保险人为保障中心的前提下，亦应当对投保人的投资利益保护有所考量。在此基础上，则涉及关于投保人与被保险人在利益有所冲突的情形下，如何进行协调的问题。

通常契约的效力取决于契约当事人主体资格的适格性与双方的合意，然而保险契约的效力还受被保险人的影响。关于被保险人同意权的规定，现行《保险法》在第 34 条第 1 款规定，“以死亡为给付保险金条件的合同，未经被保险人同意并认可保险金额的，合同无效”。另以第 34 条第 2 款规定，“按照以死亡为给付保险金条件的合同所签发的保险单，未经被保险人书面同意，不得转让或者质押”。以此限制在契约成立生效后，对于契约上利益的变动，须得被保险人同意。投资型保险常常将死亡保险与投资工具相连结，此时被保险人享有保险利益，而投保人则享有投资利益，那么当两者的意愿在同一份投资型保险契约中发生冲突时，如何协调两者的关系呢？由于此时涉及整个契约效力的存续，则需要对于保险契约部分与投资契约部分加以调和。

当投保人与被保险人为同一人时则并无争议；而倘若投保人与被保险人并不同一，此时投保人欲缔结投资型保险契约，抑或投保人希望转让或质押保单，而被保险人又不同意的情形下，投资型保险契约的效力应当如何呢？对此，我们认为，投资型保险契约仍以保障为其主要功能，不可违背保险契约的本质属性，亦不可因投资型保险契约的投资属性而使道德危险防范的功能有所减损，故而此时只要被保险人不同意，则投资型保险契约即无法成立生效，亦无法进行转让或质押。我国司法实践中亦采用此种态度，在中国人寿保险股份有限公司吉林省分公司与李某贤保险合同纠纷二审民事判决书中，法院以“被保险人明确表示保险合同中的签字非其本人书写，对订立保险合同一事不知情”为由，认定涉诉的三份保险契约无效。① 然而有所争议的是，投资型保险契约的给付额度发生变动时，特别是在增加的情形下，如何进一步防范道德风险。

其一，投资型保险契约给付总额因投资绩效而增加的情形。保险契约于缔约时必然会约定保险金额，但投资型保险契约的给付总额为保险给付与投资获利的总和，其总额具有变动性，将可能发生保险金额嗣后超出被保险人原先接受的情形。因此，对于投资型保险给付总额变动的特性，我们认为投资型保险商品（尤其是死亡保险）信息披露对象，亦应包括被保险人，并向被保险人送交定期报告书，以妥善防范道德风险。其二，投资型保险契约给付总额因投保人增缴保费而增加的情形。多数投资型保险契约，均有投保人得向保险人缴交“增额保费”而能增额投资的约定，倘若经过增额之后累积的投资型保险给付总额过高，仍有可能引发其他人的道德风险，如受益人对被保险人的道德危险。被保险人对于投资型保险契约的掌握度，就当予以加强。因此，基于投资型保险契约给付金额的不确定性，应当课予保险人包括投资型保险给付总额累计情形在内的信息披露义务。

（三）投保人与受益人利益的协调

保险契约以被保险人为保障中心，被保险人享有保险金的请求权，根据人身保险（特别是死亡保险）的功能，即保护被保险人的遗属，保险金的请求权通常会通过投保人或被保险人的指定让渡给受益人。对于未设分离账户的投资型保险，其投资部分与保险部分仅是功能上的界分，两部分的保费并未有实质上的区隔，因此原则上被保险人或受益人享有保险金的请求权。而设分离账户的投资型

① 参见中国人寿保险股份有限公司吉林省分公司与李某贤保险合同纠纷二审民事判决书（［2018］吉01民终2573号）。

保险，其投资部分与保险部分的保费实则进入不同的账户，即投资部分资金进入分离账户，而保费则进入保险账户。保险账户的利益请求权仍归属于被保险人或受益人，而分离账户的收益究竟应当归属于投保人、被保险人抑或受益人呢？这一问题需要结合投资部分的相关属性予以阐释。

如前文所述，投资型保险投资部分的契约关系，是一种类似信托的法律关系。而投资型保险契约的主体架构也与信托契约的主体架构十分类似，信托契约关系中有委托人、受托人与受益人三方主体，委托人将其财产权委托给受托人，由受托人为受益人的利益进行管理或处分；在投资型保险中，投保人相当于信托委托人，保险人相当于信托受托人，被保险人相当于信托受益人，当被保险人死亡时，保险上的受益人取代被保险人成为信托受益人。因此，正如信托契约关系的受益人是信托利益的享有者，而投资型保险契约的受益人也是投资利益的享有者，有如台湾地区“保险法”之规定，“投资型保险契约的投资资产，非各该投资型保险的受益人不得主张，亦不得请求扣押或行使其他权利”。① 因此，在人身保险契约中，分离账户的收益仍应当归属于受益人，亦即人身保险新型产品的受益均应属受益人所有。但应当注意区分的是，因财产保险并未设置“受益人”这一法律主体，此时投资部分的属性更类似于投资产品，但基于在保险部分，被保险人是保险利益的享有者，无保险利益则投资型保险契约根本无法缔结，所以亦不应简单适用“谁投资，谁受益”的原则，应同样准用信托契约的法律架构，此时被保险人相当于信托的“受益人”，即投保人订立契约的目的是为了被保险人利益的考量，从而使分离账户的收益归属于被保险人。

第二节 契约订立时保险人的说明义务

信息在商品交易中占有重要地位，在金融商品的交易中则更为重要。然而信息具有天然不对称的特性，信息具有价值，搜集信息亦需耗费成本，是故“某人在订立契约之前，没有提示自己所掌握重要事实的一般义务，法律亦不会强迫他

① 参见我国台湾地区“保险法”第123条。

开口说话"①。而惟有在契约当事人一方负有信息义务的情形下，信息义务人即无法在契约磋商时利用其信息优势，因为其必须进行信息披露。② 故而倘若是因为信息不对称而导致无效率或效率低下，法律便课以信息占有人披露信息的义务，保险契约法上亦是如此。但实际上，即使通过信息披露的规范方式，仍然会存在一些问题而不足以保护投保人，更何况我国现行法本身还存在些许不足。从比较法上来看，域外国家或地区都通过引入适合性义务以完善保险人的信息义务，我国亦应当在完善说明义务的基础上，进一步引入适合性义务，以妥善保护投保人（被保险人）的利益。

一、我国现行法对投资型保险说明义务规范的不足③

关于说明义务的含义，现行法未设有明文规定，然而一般是指有传送特定信息于信息需求者的法律上义务。而在法律相关文献上经常使用的语词，如解明义务、告知义务、公示义务、信息提供义务、"解释义务"、"通知义务"、"指示义务"、"建议义务"、"开导义务"、"公开义务"与说明义务在含义上是指同一，仅"说明义务"此概念最常被使用。④ 但对于保险法而言，说明义务的目的是在于创造契约双方当事人间信息的对等，所以关于保险产品的设计与其内容，涉及保险、精算及法律的专业知识，而且这是为保险人自行设计提供给有意愿缔结保险契约之人，也只有保险人提供必要且充足的信息给有意愿缔结保险契约的人，其才有足够的信息去判断并决定何种保险商品最符合自己的需求。⑤ 故而保险人的说明义务，是保险人在缔约前的信息提供义务，主要包括信息披露义务、解释义务等，为了与作为适合性义务核心的建议义务相区分，可将信息披露义务、解释义务称作狭义说明义务，已为我国现行法所规定，而广义说明义务即是指信息

① ［英］P. S. 阿狄亚：《合同法导论》，赵旭东译，法律出版社 2002 年版，第 258~266 页。

② 杨宏晖：《信息诱因、信息价值与先契约的信息揭露义务——兼论契约法的经济功能面向》，载《成大法学》2010 年第 19 期。

③ 该部分主要内容源于前期发表成果：《投资型保险契约说明义务之规范》，载《湖北警官学院学报》2015 年第 11 期。

④ 向明恩：《前契约说明义务之形塑与界限》，载《月旦法学杂志》2011 年第 171 期。

⑤ 廖伯钧：《初探 2008 年德国新保险契约法——以保险人咨询建议义务为中心》，载《法学新论》2010 年第 23 期。

义务，即在狭义说明义务的基础上还包括建议义务等。

（一）银保监会对说明义务的规范

1. 投资型保险契约保险人的说明义务：基于《信息披露办法》的分析

我国现行保险法无法对投资型保险进行妥善规制，因而多依赖于银保监会的相关规定。据 2009 年《人身保险新型产品信息披露管理办法》（以下简称《信息披露办法》）的相关规定，其第 6 条是以《保险法》第 17 条为蓝本，但另行要求保险人向投保人出示保险条款、产品说明书以及投保提示书，并要求投保人签字确认；并根据第 18 条的规定，产品说明书应包括风险提示、产品基本特征、投资账户情况说明、利益演示与犹豫期及退保等内容。根据我国《保险法》上的说明义务，信息披露的范围仅是保险契约的条款；而依《信息披露办法》，信息披露的范围及于投资型保险产品的相关信息，包括风险、特征、投资账户与可期待利益以及风险提示等，这是投资型保险领域对保险法上说明义务的扩张。而且从该规范的名称来看，专门规范信息披露，从而使得信息披露义务得以独立发展。

保险人说明义务的内容，可经由保险契约法及授权主管机关制定的法规命令，可以因应个别险种的特性进一步明确化，这种规范方式对于法律关系的明确性有相当的助益，① 德国即是采用此种规范方式，由《德国保险契约法》作基本规定，再授权主管机关就个别险种作特别规范。现代保险产品愈加多元化，未来投资型保险产品未必尽是此项办法所列举的几种，亦未必尽是人身保险，近来新兴的投资型财产保险即是其例，是否待新兴产品成熟之后又须另立相关规范？更为迫切的是，其以“办法”的立法形式，其法律位阶相对较低，并且因着重对保险业的监管而将此视为一种保险人“公法”上的义务而非契约当事人间的“私法”义务，因而在一定程度也忽略了投保人的需求，而且仅有法律行为之规范却并无法律效果的规制，其是否足以应对投资型保险契约？又是否足以保护投保人的利益？这些问题，均需要立法上予以进一步回应。

2. 银保监会的规范对投保人利益保护的不足

---

① 叶启洲：《从德国保险人信息义务规范论要保人之信息权保障》，载《政大法学评论》2012 年第 126 期。

以《中国保监会关于2019年上半年保险消费者投诉情况的通报》中《涉及保险消费者权益投诉情况统计表（按险种分）》来看，投资型保险占人身保险56.70%，而占所有保险37.42%。① 由此可知，投资型保险易产生纠纷之状况仍面临着较为严峻之形势。而从根本上来说，保险契约乃由复杂之契约条款及各项契约文件所构成，属“法律商品”之一种，其内容牵涉契约双方当事人之间颇为复杂之权利义务关系，若非具有一定之知识以及花费相当之时间，不易了解其重要内容。② 若投保人在订约之前，未能获得充分之商品信息即订立契约，则容易发生该保险不符合其需求或期待，进而在日后产生契约上之纠纷。而兼涉投资功能之投资型保险契约还不仅是如此，因为其突破了一般人对传统“保险”之认知，即使投保人获得相关信息并得到保险人及其代理人之一定说明，亦未必真正得以理解，往往只看到投资收益而忽略投资风险，而保险人为销售保险更是有意促使此种情况之发生，并善于利用保监会之规范诱使投保人签字确认，以规避法律责任之承担。

尽管我国银保监会对于通过欺骗、隐瞒或者诱导等方式，对有关保险产品之情况作引人误解之宣传或说明的行为予以特别规制，规制之对象则以投资型保险为主。但在我国司法实务中，法官往往据《信息披露办法》而采形式标准以判断保险人是否已尽说明义务，具体而言，即是就投保人在相关文书上之签字即认定投保人已明了保险条款之内容、保险人已尽说明义务。③ 依此可见，实务中乃采形式标准以判断保险人是否已尽说明义务，而非实质上确认投保人有否被误导之情形。是故单就要求保险人为此种形式上之说明义务，恐不足以让投保人真正了解投资型保险之目的或避免产生误解，因而亦难以发挥保护投保人之作用。

（二）保险法上说明义务的规范

1. 保险人的说明义务：基于我国《保险法》第17条的分析

① 此数据是根据《涉及保险消费者权益投诉情况统计表（按险种分）》计算所得。

② 叶启洲：《台湾保险消费者之信息权保护——以金融消费者保护法之说明义务规范为中心》，载《月旦法学杂志》2013年第3期。

③ 参见中国保险行业协会：《保险诉讼典型案例年度报告·第五辑》，法律出版社2013年版，第55页；参见北京市第二中级人民法院［2011］二中民终字第16905号民事判决书，载北京法院网：http：//bjgy. chinacourt. org/paper/detail/2011/09/id/579627. shtml，2019年3月2日最后访问。

通说认为，我国现行《保险法》第17条的规定是保险人说明义务的法律依据，亦可谓是《民法典》第496条（原《合同法》第39条）的特别条款，其主要规范解释义务，亦有信息披露的内容。然而就信息披露的范围来看，保险人所披露的信息实仅是“保险格式条款”，而且其实并未明确乃信息披露，仅一“附”字聊以说明，由此看出此条仍囿于醒意义务①的内涵，信息披露依附于解释义务，未得独立发展，亦使得人们关注的焦点仅于解释义务。而以解释说明义务的对象为中心解构此条款，其以一般条款与责任免除条款为界分，分别确立保险人“说明”与“明确说明”的义务，学者形象称之为“分别机制”，即对“契约的内容”进行说明，而对“免除保险人责任的条款”应以提示并予以明确说明。

保险法上的说明义务以说明对象为标准，对一般条款与责任免除条款分别课以不同程度的说明义务，似能收明确之效，但实际上则存在诸多问题：其一，“免除保险人责任的条款”界定的困难。修订前的《保险法》乃采“责任免除条款”，而修订后的《保险法》实采“免除保险人责任的条款”，相较而言，后者的外延更为广泛。《保险法司法解释二》第9条第1款将此条款的内容进行了细化，但是仍然并未对“免除保险人责任的条款”进行具体的解释，而是列举了几种常见的情形，是以超出此列举范围外的条款究竟是否属“免除保险人责任的条款”仍依赖于法院的解释与裁判。其二，“说明”与“明确说明”界分的困难。关于说明义务履行的具体方式一直存有争议，更毋论“说明”与“明确说明”在具体履行方式上的差异。《最高人民法院研究室关于对〈保险法〉第十七条规定的“明确说明”应如何理解的问题和答复》曾就“明确说明”进行解释，但亦未指明具体判断的标准。其三，未尽说明义务法律效果规范的不足。就此分别机制来看，保险人对责任免除条款未尽说明义务则此条款不生效；而对一般条款未尽说明义务则未规定法律效果，其实是属于一不完整的法律规范，因为其仅有行为模式，而未有法律后果。② 所以，对于一般条款未尽说明的法律效果还有赖于司法实践中的补充解释。正是因为立法上的规范不甚清晰，导致司法实践中各

① 亦即解释义务，参见温世扬：《保险人订约说明义务之我见》，载《法学杂志》2001年第2期。

② 参见张文显：《法理学》，高等教育出版社2007年版，第117页。

法院对于该条款的处理方式以及采用的标准并不统一，以至于“同案不同判”的情形在保险人说明义务方面表现得特别突出。

2. 投资型保险适用《保险法》的困境

我国保险法上的说明义务本身存在诸多问题，及于投资型保险契约的适用则更是问题叠生。以说明义务的起源来看，就如被保险人必须向承保人（保险人）披露所知道的增加风险的一切资料一样，承保人必须向被保险人披露降低风险的一切资料，换言之，保险人所披露的内容应当是与投保人决定是否承保相关之一切信息。然而随着情势的变化，尤其是保险商品的不断创新以及保护消费者理念的兴起，影响投保人作出是否投保的决定的显然不仅仅是“保险格式条款”，而且针对投资型保险产品的复杂性与风险性，现行保险法信息披露的事项在时点、方式上的规范均有所疏漏，不利于保护投保人的利益。而就投资型保险适用解释说明义务时，其相关条款究竟属一般条款抑或责任免除条款尚有争议，具体来看，投资型保险契约中有关“投资账户的投资风险由投保人承担的条款”是否属于“免除保险人责任的条款”呢？

如前所述，我国现行法并未明确何为“免除保险人责任的条款”，而《保险法司法解释二》又将此扩大解释为“免除或减轻保险人责任的条款”。但无论如何，适用此条款的前提是本应为保险人所承担的责任。在保险契约中，投保人是以投保单与保费为对价，用以换取保险人在保单规定的情况下支付保险金的允诺。契约是一项允诺，而履行允诺是契约当事人的责任。保险人通过担任承保人这一角色，预先确定与收取保险保障期间的保险费，并在约定的条件下承担给付保险金的责任。换言之，投保人承担支付保险金责任的前提乃在于缔约时的允诺。然而尽管投资型保险契约的保险部分的确如同传统保险契约一般，是以保险人负有给付保险金的责任；而投资部分确未曾得到保险人给付保险金的允诺，该部分类似于信托契约的运作，所以分离账户的资金虽然是由保险人运作却独立于保险人的其他资产之外，投保人自担该部分资金运作的风险，保险人仅有管理之责任而无固定给付保险金之责任。其不同于免赔额、免赔率等条款，因为免赔额等之条款，是本应由保险人承担责任而通过法定或约定的方式予以免除，分离账户资金运作之风险从来就不是保险人之责任，保险人仅须尽善良管理人之责任。是故投资型保险契约中有关“投资账户之投资风险由投保人承担之条款”并非

“免除保险人责任之条款”，而仅是一种风险之提示，但以司法实践来看，为保护投保人之利益，法院往往将此条款认定为免除责任条款，而课以保险人明确说明之义务。

进言之，《保险法》第 17 条第 2 款规定未对“责任免除条款”尽明确说明义务者，该条款不生效力。依该款的文义解释来看，所谓的“不生效力”即是否定免责条款的正当性，保险事故发生后，保险人仍然应当负保险给付责任；而实务上法院亦作如此解释。但这对于投资型保险契约的被保险人（投保人）未必是最好的选择。因为实务中往往将投资型保险契约关于“责任自负”的条款认为是“责任免除条款”，因而课以保险人明确说明义务，而保险人一旦未尽明确说明义务，但投资账户的资金发生亏损，所产生的法律效果即是保险人仍应负保险给付责任，此时投保人并不能就投资账户的亏损要求保险人承担责任，也不能要求解除保险契约而享保险费的返还请求权，这极不利于投保人权利的保护。因此，投资型保险契约适用保险法上的说明义务面临二难困境：倘若适用一般条款，则因现行法未明确“说明”的具体方式及法律效果而无法保护投保人的利益；而倘若适用责任免除条款，则有违责任免除条款的机理，未能真正理解投资型保险契约的本质，也并未给予投保人妥善的保护。

（三）消费者权益保护法对说明义务的规范

1. 经营者的说明义务：基于《消费者权益保护法》的分析

在保护消费者的浪潮下，消费者的信息弱势地位亟待改善，故消费者权益保护法渐趋完善，其对消费者知情权的保护以及课予经营者的说明义务，无不体现对消费者权益的妥善保护。消费者的知情权与经营者的说明义务实是很好体现了权利义务的对应，乃同一问题的两个面向。消费者的知情权，是指消费者依法所享有的了解与其购买、使用的商品和接受服务有关的真实情况的权利；而经营者的说明义务，即经营者须依法向消费者提供与其商品和服务有关的必要信息并保证其提供的信息真实性的义务。① 我国《消费者权益保护法》（以下简称《消法》）第 8 条对消费者知悉的具体内容有明确的规定；第 20 条就经营者说明义务有详细的规定，并于 2013 年《消法》修订后就提供的信息有明确的列举，强

① 金福海：《消费者法论》，北京大学出版社 2005 年版，第 51 页。

调信息的真实与全面。

其实投保人购买保险产品的行为与普通消费者一样，本质上属于一种消费行为，因为投保人签订保险契约，以支付保费的形式购买保险产品与保险人的服务，用以换取保险人对风险的保障，所消费的保险产品与保险人的服务同样具有使用价值。① 故投资型保险契约似亦可适用消费者权益保护法以完善其说明义务。《消法》第 28 条就提供金融服务的经营者向消费者提供的信息有详细、具体的规定，“风险警示、售后服务以及民事责任等信息”无不是对保险人说明义务范围的扩张。而且在法律效果上，经营者违反说明义务或侵害消费者的知情权，其程度达致欺诈，则消费者可依《消法》第 55 条要求经营者进行惩罚性赔偿，这也在一定程度上填补了保险人说明义务在法律效果上的漏洞。

2. 投资型保险契约适用消法的争议

（1）投保人是否属于“消费者”

关于投保人是否属于消费者的问题，即是否将金融消费服务纳入《消法》的调整范围，主要存在三种观点②：其一，以是否属于“生活消费”作为判断标准，认为保险不应当适用《消法》予以调整。因为《消法》第 2 条将“消费者”限定为以生活消费之需要而购买、使用商品或者接受服务的自然人，故而排除了法人或非法人组织等非自然人适用《消法》的可能，也排除了包括投资在内的其他目的的购买或使用行为。而投保人购买保险的行为在本质属于投资理财行为，具有营利性，不同于《消法》所强调的“生活消费”。在 2013 年《消法》修订之前，多数法院即持此种观点；而在 2013 年《消法》修订之后，即《消法》第 28 条规定“提供证券、保险、银行等金融服务的经营者应当向消费者提供的信息提供……风险警示、售后服务以及民事责任等信息”，仍有不少法院持此种观点，如杨某玲与中国人寿保险股份有限公司西安分公司保险合同纠纷一案，法院仍认为，“原告作为投保人在被告公司投保人寿保险，双方形成保险合同关系，故其双方的权利义务关系应适用民法通则及保险法的调整”，而不应当适用《消

① 郭丹：《金融服务法研究：金融消费者保护的视角》，法律出版社 2010 年版，第 19 页。

② 王静：《保险案件司法观点集成》，法律出版社 2015 年版，第 465 页。

法》。① 其二，认为应当区分具体情况，购买基本的保障型保险产品仍属于生活消费范畴，应当适用《消法》至于购买投资型保险等理财产品则属于投资行为，则不应当适用。有的学者则对投资型保险作进一步细分，认为购买万能险与分红险的投保人属于“消费者”，而购买投资连结保险的投保人则不属于。② 因为人们购买保险的目的主要在于避免损失，以实现人身或财产上的保障，这与生活消费还有些许联系；但倘若及于投资型保险，投资账户下的投资部分由投保人自担风险，这类保险在保障目的之外兼具投资功能，则与“生活消费”的通常含义相去甚远。其三，认为购买包括保险产品在内的所有金融产品都应当适用《消法》。从《消法》的立法目的出发，包括保险在内的金融消费者领域，皆因信息不对称侵害消费者合法权益的情况严重，金融消费者处于弱势地位，与其他领域的消费者保护并无根本不同。在立法者看来，只要提供商品或服务的一方从事的是市场经营活动，购买商品或接受服务的一方是为个人或家庭终极消费需要，而不是为了从事生产经营或职业活动需要，就应当适用《消法》。金融机构提供服务实际上是一种市场交易活动，作为个人接受金融服务也是为了个人或者家庭财产的保值增值需要，原则上都应当受《消法》的调整。③

我们以为，投保人亦应当属于消费者，而受《消法》的保护，理由在于：其一，对于“生活消费”的解释不应过于局限，它应当是一个广义、开放的概念。“保险公司提供的保险产品，不论是财产保险，还是人身保险，其目的是为了保障个人财产和生命健康所需，使被保险人在发生意外、损害后果后能弥补损失，具有保障、补偿功能。”④ 尽管投资型保险具有投资理财的属性，其本质仍然是保险产品，因此保险公司提供的保险产品符合《消法》所称的“生活消费”的范畴。其二，投保人同样面临着信息不对称所致的权益损害。“投保人处于非常弱势的地位，保险公司出具的保险合同非常复杂，包括大量难懂的专业术语，如

① 参见杨某玲与中国人寿保险股份有限公司西安分公司保险合同纠纷一案民事判决书（［2016］陕0103民初2984号）。

② 参见温世扬，范庆荣：《“保险消费者”概念辨析》，载《现代法学》2017年第2期。

③ 参见李适时：《中华人民共和国消费者权益保护法释义》，法律出版社2013年版，第13~14页。

④ 参见尤某娟与新华人寿保险股份有限公司、新华人寿保险股份有限公司上海分公司人寿保险合同纠纷二审民事判决书（［2015］锡商终字第01110号）。

保险金额、保险利益、现金价值等，一般投保人很难看懂，特别是保险公司的业务员存在故意隐瞒、虚假宣传行为时，会严重侵害投保人的利益。"①其三，投保人受《消法》的保护并不会导致不公平情形的出现，因为惩罚性赔偿还必须当保险人的行为构成"欺诈"才能得以适用。通过对中国裁判文书网与北大法宝相关案例的检索，选取182份投保人基于《消法》提起惩罚性赔偿的判决书与裁定书，176份均认为无法适用惩罚性赔偿，其中155份是以行为不构成"欺诈"为由予以认定，而以行为虽构成"欺诈"但投保人不是消费者为由的仅有4份。另外，在我国目前面对金融产品纷繁多变、金融交易秩序还在发展建构的现状，但却尚未有关于金融消费者的专门保护立法的前提下，为避免使保护投资型保险投保人的立法沦为空白，将投保人纳入《消法》予以调整较为适当。②

（2）销售误导是否属于"欺诈行为"

《消法》并未言明何谓欺诈，因此欺诈的认定应参照民法的相关规定。《最高人民法院关于贯彻执行〈中华人民共和国民法通则〉若干问题的意见（试行）》（以下简称《民通意见》）规定，"一方当事人故意告知对方虚假情况，或者故意隐瞒真实情况，诱使对方当事人作出错误意思表示的，可以认定为欺诈行为"。③据此认为欺诈的构成要件至少有三④：一是欺诈行为。欺诈是指任何一个有意识地引起、强化或维持他人不正确设想的行为。如存在说明义务，则维持某种业已存在的错误即可构成欺诈。二是欺诈的故意。欺诈是指有意（故意）引起某种错误。德国称之为"恶意"，即是指欺诈行为旨在促使被欺诈人发生意思表示。三是因果关系。被欺诈人必须因欺诈而决定发出意思表示，亦即在欺诈行为与意思表示之间必须存在因果关系。因此，在判断保险人的行为是否构成欺诈时，应当根据个案的具体情节，按照是否存在虚构事实或隐瞒真实情况并使对方陷入错误认识的主观故意、相对方是否确实作出错误意思表示、保险人的行为

① 参见尤某娟与新华人寿保险股份有限公司、新华人寿保险股份有限公司上海分公司人寿保险合同纠纷二审民事判决书（［2015］锡商终字第01110号）。

② 参见阳光人寿保险股份有限公司吉林分公司因与石某某敏人寿保险合同纠纷二审民事判决书（［2016］吉民终515）。

③ 参见《最高人民法院关于贯彻执行〈中华人民共和国民法通则〉若干问题的意见（试行）》第68条。

④ ［德］迪特尔·梅迪库斯：《德国民法总论》，邵建东译，法律出版社2013年版，第594页。

与之是否存在因果关系等方面加以认定。①

但在保险销售纠纷中，尤其是在投保人业已签字确认保险契约的情形下，法院对于欺诈行为的认定采取非常谨慎的态度。其一，并非所有未尽说明义务的行为均达致欺诈的程度。理论上而言，欺诈行为既可以是明示告知、隐瞒或掩饰事实情形，也可以是仅仅不提及某些事实情形，即沉默。② 但在实践中，保险人往往只是履行说明义务有瑕疵，换言之，并非绝对地隐瞒或不说明，而是未充分全面说明，此时尚不足以达致欺诈的程度，③ 故而无法适用《消法》《民法典》的相关规定。其二，欺诈行为由投保人进行举证。保险人的说明义务由其自证，但根据民事诉讼“谁主张，谁举证”的原则，投保人基于欺诈的请求应由投保人进行证明。但在保险产品销售过程中，投保人本就因专业知识与经验的欠缺而处于弱势地位，基于自身能力的限制，通常无法以特定的方式记录完整的销售过程，故而亦难以提出可采信的证据。

二、比较法视野下适合性义务的适用④

从世界范围来看，代表性国家和地区都纷纷在立法中引入适合性义务，以有效弥补保险人说明义务的不足，妥善保护保险消费者的合法权益。适合性义务源自于美国在证券交易领域所形成的自主规范，尔后又于证券交易委员会的行政规则中设有规定。据 1939 年 NASD Rule 2310 的规定，证券商在向客户推介证券或进行其他交易行为时，应尽合理的努力取得客户的财务状况、财税资料、投资目标以及其他合理信息，并应有合理的基础相信据此而为之推介适合于客户。无独有偶，英国 1986 年《金融服务法》虽未明确指出适合性的要求，但其“了解你的客户”的原则与英国证券投资委员会（SIB）有关适合性核心规则以及金融行业协会关于提供最佳建议的自建性规则共同构成适合性义务的基本内容。⑤ 而日

① 王静：《保险案件司法观点集成》，法律出版社 2015 年版，第 466 页。

② ［德］维尔纳·弗卢梅：《法律行为论》，迟颖译，法律出版社 2012 年版，第 644 页。

③ 参见林某某诉某公司人身保险合同纠纷案（［2013］茂化法民二初字 12 号）。

④ 该部分主要内容源于前期研究成果：《比较法视野下保险商品推介之适合性义务——基于对德国、日本、我国台湾地区的比较分析》，载《保险法前沿（第 4 辑）》，知识产权出版社 2017 年版，第 181～190 页。

⑤ 何颖：《金融消费者权益保护制度论》，北京大学出版社 2011 年版，第 100 页。

本则于1992年将适合性义务明文规定于《证券交易法》中，其后修改为《金融商品交易法》以扩大适用所有投资型金融商品，并进一步在《金融商品销售法》中对于适合性义务作详细规定。首次将适合性义务引入保险契约法的乃为德国，其于2008年修改的《保险契约法》增订建议义务，以满足适合性义务的要求。2011年我国台湾地区的"消费者权益保护法"出台，亦明确规定金融业者的销售适合度考量义务。是故以德国、日本及我国台湾地区对适合性义务的规范为比较分析的对象，以提出可供我国大陆适合性义务完善的建议。

（一）适合性义务概念的区辨：兼与说明义务、信息提供义务的关联

适合性义务，亦有称适合性原则。规则与原则仔细比较起来是属于不同类型的规范，两者处于不同的推理层面——规则是涵摄，原则是平衡或衡量。① 而"适合性"恰处于两者之间，故而即有谓规则，亦有谓原则。然而依据一般法理，法律原则是"应该是"的规范，法律规则是"应该做"的规范；法律原则是最佳化的命令，法律规则是确定性的命令。② 适合性自其产生发展以来便具有较为明确特定之含义，与保险契约法上的最大诚信原则、对价平衡原则等显然有所不同，且适合性逐步法定化，已有在法律上规范性的表达，是以符合法律规则"应该做"与确定性的要求，以适合性义务称之更为妥当。

作为法律概念，适合性义务并没有一个完整的阐述；"适合性"是一种无定型的概念，并没有公认的定义。③ 但一般而言，适合性义务可以分为狭义适合性义务与广义适合性义务，所谓的狭义适合性义务是指，在对于特定的投资人进行推销金融商品之际，要求销售人员主动先对于投资人的知识、经验及财产状况等投资人属性有所了解后，才能进行商品的推介，以避免对其推销不适合其属性的

---

① 王夏昊：《法律规则与法律原则的抵触之解决：以阿列克西的理论为线索》，中国政法大学出版社2009年版，第72页。

② 王夏昊：《法律规则与法律原则的抵触之解决：以阿列克西的理论为线索》，中国政法大学出版社2009年版，第77~78页。

③ Robert N. Rapp, "Rethinking Risky Investments for that Little Old Lady: A Realistic Role for Modern Portfolio Theory in Assessing Suitability Obligations of Stockbrokers", *Ohio Northern University Law Review*, 1998, p. 213.

商品。①简而言之，即金融商品交易业者所推介或销售的金融商品或投资服务应适合于投资者，该规则主要适用于推介或销售金融商品的行为。②而广义适合性义务乃是指，销售人了解投资人属性后要针对其属性以适合其理解的方式进行对商品说明的规则，③以确认当事人投资的真意，使投资人理解商品的风险进而能够承受风险并负起自我责任。换言之，乃指金融服务业向客户销售或推介金融商品时，应有合理基础相信该交易适合投资人，并以适当方法说明金融商品的内容，其规范目的在于防止金融服务业为自己利益而滥行销售或推介金融商品，损害投资人的权益。④因此适合性义务与说明义务具有天然的联系，狭义适合性义务主要是为了规范金融业者的不当推介，与说明义务是互为配套的机制，而广义适合性义务除具有狭义适合性义务的含义外，本身即具有说明义务的含义，即在适合推介的基础上而为之说明，说明义务的程度即为“适合性”。而关于说明义务的含义，我国现行法上未设有明文规定，若以最广义的层面使用此一概念，其可等同于“信息义务”。狭义的说明义务，严格说来，仍然是自诚信原则为请求权基础所推导出来的附随义务，义务履行的内容，即应按照信息提供义务所提供的特定信息内容，作必要的解说及指示，以使投保人不但能“知晓”，且能够“明了”保险人所揭露的信息内容。⑤所以，信息提供义务应当是说明义务的前提。信息提供义务，即是在适当时期以特定方式向投保人为通知或揭露，使投保人能够得知所欲购买的保险商品的内容与保障范围，以及因此所产生的权利义务。信息提供义务的目的乃在于创造契约双方当事人间信息的对等，盖关于保险产品的设计及其内容，涉及保险、精算及法律的专业知识，而且此为保险人自行设计提供给有意愿缔结保险契约之人，那么只有保险人提供必要且充足的信息给有意愿缔结保险契约之人，相对方才有足够的信息去判断并决定何种保险商品才

---

① 参见杜怡静：《投资型保险商品关于说明义务与适合性原则之运用》，载《月旦民商法》2011年第27期。

② 黄爱学：《金融商品交易反欺诈制度研究》，法律出版社2012年版，第172页。

③ 王志诚：《现代金融法》，台湾新学林出版社2009年版，第212页。

④ 王志诚：《金融服务业法草案之评释——新瓶装旧酒?》，载《月旦民商法》2010年第26期。

⑤ 廖伯钧：《初探2008年德国新保险契约法——以保险人咨询建议义务为中心》，载《法学新论》2010年第23期。

是最符合自己需求的。①

适合性义务、信息提供义务与说明义务均为缔约前的信息义务。信息不对称是现今经济生活的普遍现象，而契约法的一项重要任务即在于，在这种条件下，维持契约和市场机制的有效运作，减少因信息不对称所产生的交易成本，而缔约前信息义务便是一种手段选项，以对信息成本与风险为适当分配。② 然而，从比较法上的立法例进行考察，适合性义务与说明义务大多采用狭义层面的含义，因为通常将两者置于不同的条款而分别规定；而信息提供义务与说明义务往往一并规范，并且因立法者的侧重点不同而使名称有异，如德国称信息提供义务，而我国台湾地区则概称为说明义务。倘若将这三者都从狭义层面进行理解，说明义务、信息提供义务与适合性义务在缔约时间上存在递进关系，即逐步向缔约前推进，先有保险商品推介适合性，缔约时即应提供信息并再进行解释说明，三者互相配合，型构保险契约缔约前的信息义务，以妥善保护保险消费者的权益。

（二）适合性义务的法定化内涵及适用界限

适合性义务产生于金融业者的信赖义务与对投资者风险自负原则的检讨。基于对投资者风险自负原则的检讨，从一般市场到金融市场的转变，买者与卖者相对平等的信息地位逐步异化，业者往往依靠其精深的专业知识与熟练的销售技巧而占据信息优势地位，是以缺乏专业知识与经验的投资者是信息上的弱者，而未必有机会或者有能力足以自行判断并作出决定。是故在处理于特定投资交易中，倘若即使按照投资者的知识、年龄、经验等因素而给予充分信息仍不能期待其作成合理的投资判断，或者当按照投资者的财产状况来看，乃无法承担该投资交易所生的资产运用风险时，便有必要通过适合性义务的介入。而基于业者的信赖义务，即业者对客户的投资目的、财产状况、必要性等进行相当的了解后，该客户基于业者所提供信息的信赖，从而使其相信业者所推介的商品适合于自己。③ 是以在规范适合性义务时，往往亦有适用的前提条件：其一，所购买的金融商品具

① 廖伯钧：《初探 2008 年德国新保险契约法——以保险人咨询建议义务为中心》，载《法学新论》2010 年第 23 期。

② 杨宏晖：《信息诱因、信息价值与先契约的信息揭露义务——兼论契约法的经济功能面向》，载《成大法学》2010 年第 19 期。

③ 熊进光：《论金融商品销售的适合性原则》，载《甘肃社会科学》2013 年第 3 期。

有相当的投资风险性，即适用对象的要求；其二，金融消费者欠缺专业知识而无法进行合理判断，即适用主体的要求。

1. 日本金融业法的劝诱适合性义务

日本在金融业法中规范适合性义务，包括《保险业法》《金融商品销售法》《金融商品交易法》。早先保险业法即规定保险经纪人必须诚实地为客户从事保险契约缔结的媒介。学说上便有认为通过此一诚实义务，使得保险经纪人并非只是单纯仅负有委托契约的善良管理人注意义务，其所作的建议或媒介必须使客户能取得对其而言属于最完善的保险，为了实行这样的建议，保险经纪人就必须先掌握客户属性。其后《金融商品销售法》明确规定金融商品的销售者于进行商品销售推介或劝诱之际，应尽力确保契约劝诱行为的适合性。劝诱方针的内容主要包括：劝诱对象的知识经验、财产状况与契约缔结目的（即适合性义务要求）、对于劝诱对象的劝诱方法与时间、其他关于确保劝诱适合性的事项等。① 而《金融商品交易法》则进一步完善适合性义务的要求，该法规定业者在劝诱、销售金融商品时需符合适合性义务的要求，亦即金融商品交易业者在从事金融商品交易行为时，应按照客户的知识、经验、财产状况与缔约目的，不得有不适当劝诱行为而欠缺对投资人保护或有欠缺之虞。所以，日本法中的适合性义务主要在于强调金融业者不得有不当推介的行为，其适合性义务乃劝诱适合性。但除保险业法外，其适用范围并非涵盖所有保险商品，从保护投资人的观点，适合性义务原则上应只适用于具有强烈投资性质的保险商品。而在适用主体上，《金融商品销售法》将金融消费者界定为信息弱者一方，且原则上包括自然人与法人。

2. 我国台湾地区金融消费者权益保护法的销售适合度考量义务

我国台湾地区的适合性义务由“金融消费者权益保护法”所规范，规定金融业者有销售适合度考量的义务，其在与金融消费者订立提供金融商品或服务的契约前，应充分了解金融消费者的相关资料，据以评估适当性并建立风险管理机制，以确保该商品或服务对金融消费者的适合度。② 其规范目的正是在于防止金融服务业为自己利益滥行提供金融商品或服务，损害金融消费者权益。而且“金融服务业确保金融商品或服务适合金融消费者办法”进一步规定，保险业者在提

① 参见焦瑾璞：《金融消费者概念的内涵与外延》，载《中国金融》2013年第8期。

② 参见我国台湾地区“金融消费者权益保护法”第9条。

供金融消费者保险商品或服务前，依投资型或非投资型而有所不同，对于投资型保险除需要考量金融消费者是否确实了解其所交保险费系用以购买保险商品以及投保险种、保险金额及保险费支出与其实际需求是否相当外，还须考量金融消费者的投资属性、风险承受能力，以及是否确实了解投资型保险的投资损益系由其自行承担，并建立交易控管机制，避免提供金融消费者逾越财力状况或不合适的商品或服务。其实《投资型保险商品销售应注意事项》就规定保险业于销售投资型保险商品时应考量客户的适合度，并注意避免销售风险过高或结构过于复杂的商品，依据该条款“但书”的规定，倘若客户在客观事实上具有相当专业认识与风险承担能力时，便无适合性原则适用的余地。而且保险业应就投资型保险的销售建立适当的内部控制制度及风险管理制度，其中有关适合性原则部分，包含“充分了解客户”与“保险招揽”等相关准则的订定。所以，我国台湾地区的适合性义务，已经被确定为金融业者的销售适合度考量义务，在具体操作上可包括“充分了解消费者”与风险评估管理机制。在适用对象上，虽然肯定了无论投资型或非投资型保险商品均可以适用适合性义务，但是两者的考量因素有所差异，投资风险性越强的产品，对适合性的要求越高。而在适用主体上，则将“专业投资机构以及符合一定财力或专业能力的自然人或法人”排除在金融消费者的范畴之外。

3. 德国保险契约法的建议义务

而德国则是将适合性义务直接引入保险契约法之中，规定保险人对投保人的建议义务，① 而所谓的“建议”主要是指保险人应当考量投保人的个人情况、知识经验以及投保人所要求的保险保障目的然后再作适当的推介。根据该条的规定，保险人于契约订立前，惟当所提供的保险商品有被决定（或判断）的困难性或者基于投保人自身的情形，应当询问投保人的期望与需要，并就此针对特定的保险商品，参酌衡量咨询建议的费用与投保人所缴交保费间的适当比例，应当提供咨询建议。顾及所提供保险契约的复杂性，保险人也应将所提供的建议作成文件。故而德国保险契约法上的适合性义务，保险人实则须履行三项义务：询问义务、提供建议义务与将提供建议的理由作成文件的义务。首先，保险人必须先作询问以形成建议的基础，询问乃是决定投保人主观期望与客观必要性的关系，其

① 参见《德国保险契约法》第6条。

范围则依情形而定。而为了能作适当建议，保险人需询问投保人保险目的，例如其所欲保障的危险为何，惟若是在同时具有危险保障与投资性质的投资型保险契约，保险人可能还需要询问投保人重视危险保障或是具有投资目的、追求收益或是保本等，此皆为考量的重要因素。然后，保险人必须根据投保人对询问的答复来做建议，并说明其根据，惟该建议并非指最佳建议，亦即保险人仅需就投保人所希望的保险类型提供建议。而保险人为了能够作出适当建议，往往必须就保险商品本身、费用、该保险所保障的危险等作说明。最后，保险人负有作成记录的义务，该记录的内容应包含保险人的询问内容，以及保险人告知投保人所作的建议及其根据，并且该记录必须是明了且能够理解，以便于能够同时发挥其证据功能。

进言之，关于德国保险契约法建议义务的适用范围，可从适用对象（何种保险商品）与适用主体（何种投保人）上展开分析。一方面，因德国将适合性义务置于保险契约法总则当中，虽然该条并未明确建议适合性的适用对象，但往往在所提供的保险商品有判断上的困难时，方有建议的理由，亦即依据该保险商品的保险种类、范围、复杂性等，考量对于一般投保人而言是否有建议必要。因此对于简单保险商品，一般投保人已熟知该产品的特性，并无建议的必要；而惟有复杂的保险商品，尤其是新兴的投资型保险，其设计原理较为复杂，所具有的投资性与风险性使得其在功能、目的以及保险金额之给付上有与传统保险商品较大的差异，一般投保人对其并不了解，是以有建议的必要。是故，尽管从立法论上而言，该条并未明确建议适合性的适用对象，但从解释论上来看，其主要针对包括投资型保险此类复杂保险商品。另一方面，德国亦并未如金融业法上排除特定主体，但是建议义务须考量投保人自身的情形，具体包括投保人之知识经验、可处分收入、年龄、职业等情况，并以一般投保人为标准，倘若该投保人有特别保护的必要，便具有更高的建议义务，若投保人自己能运用专业知识来判断，建议义务的必要性便降低。因为建议适合性的基础便在于保单条款往往使用许多保险与法律专业用语，一般投保人理解保单条款所规定的意义、内容或是因该保单条款所生的经济上负担与不利益等系相当困难，而倘若投保人乃专业的投资人，其已能独立选择与判断保险商品，则无建议的必要。值得注意的是，保险人并非因为其所提供的保险契约，就应负担广泛且极度专业并完全契合投保人自身需求的咨询义务，而必须“于一个应提供说明暨建议的适当缘由”存在时，保险人始有负担义务之责。① 该款明定两个判断此要件的标准，其一，乃对于所提供的保险商品有判断上的困难性，或可谓与产品有关的建议理由；其二，乃投保人个人及其自身的情形，或可称作与人的性质有关的建议理由。

（三）违反适合性义务的法律效果

若仅从理论上而言，因适合性义务乃规范保险人缔约前的信息义务，故而违反适合性义务有成立缔约过失责任责任的可能。缔约过失责任是指当事人间在缔结契约而接触、磋商或谈判过程中，因双方间信赖与日俱增，使得权利义务关系有强化必要，因此产生一种介于契约责任与侵权责任间的特殊责任类型。其形成的主要背景在于，由于契约缔结过程中，双方之间尚无契约关系的存在，若一方故意或过失导致他方利益受有损害，仅依赖侵权责任规定可能无法提供足够保护，因而通过此制度来解决。而在保险契约缔结阶段，如果认为保险人对于投保人负有依适合性义务推介的“先契约义务”，则投保人便可能以此为由向违反先契约义务的保险人请求损害赔偿。然而实际上，欲主张缔约上过失而向他方请求损害赔偿，除了被害人自身需主观无过失以及时间上仅及于订立契约的准备或商议阶段外，尚以“契约未成立时”作为构成要件。以保险商品推介情形为例，投保人往往多于保险契约成立后才发现其因保险人提供不适合的建议而购买不符合其需求的保险商品，若仍以契约未成立作为要件，则几乎无成立缔约过失责任的可能。而其发生在契约缔结期间，故而亦无法以契约责任加以规范，惟有成立侵权责任，并予以特别规范。

因日本法上适合性义务乃规范于金融业法中，故而并未有私法上的责任，仅为行政法律责任，虽对不当劝诱之金融业者亦能起到惩戒作用，但终究对金融消费者的利益保护不足，因为金融消费者无法据此产生请求权。而我国台湾地区则明确规定金融业者违反适度性规则至金融消费者受有损害者，应负损害赔偿责任，并确立了举证责任倒置原则。适合性义务实际上有这样几项程序：了解客户、风险评估、判断是否适合；若有违反，业者则应承担相应的法律责任。德国

① 廖伯钧：《初探 2008 年德国新保险契约法——以保险人咨询建议义务为中心》，载《法学新论》2010 年第 23 期。

法亦有保险人如果违反关于建议义务的规定，保险人应赔偿因此所导致的损害。然而保险人损害赔偿责任的发生必须在客观上对于投保人有建议理由的存在，即保险人未调查投保人的需求，作不适当推介、未说明其建议的根据或是在建议时作不正确的记录等，而且在主观上保险人须有可归责事由，否则不负损害赔偿责任。并且该部分应当由投保人负担举证责任，惟若是在保险人违反记录作成义务时，推定其未履行建议义务。

三、小结：我国投资型保险契约说明义务的完善

（一）现行法上说明义务的补足

投资型保险契约乃为保险契约的特别形式，但其本质仍为保险，故而仍应受保险法的约束。然而我国投资型保险契约主要依靠银保监会的相关规范，这仅适合作为暂时过渡性的选择，未来修订保险法时还是应当将投资型保险纳入其中，进行专章规范。所以，探讨投资型保险说明义务的完善，仍应以保险法为主，其他法律规范为辅。

首先，修正《保险法》第17条的分别机制。该条的规定，尤其是责任免除条款的相关规定，是因为受原《合同法》第39条的影响，但需要注意的是，《合同法》第39条乃是规范格式条款，而保险法上的说明义务应当为平衡保险人与投保人间的信息不对称的关系，故而应侧重对投保人的保护。其实，对于责任免除条款，已课予保险人另行“提示”的义务，无须就措辞上再以“明确”二字加以强调，徒增司法适用的困扰。而且责任免除条款未必天然就比一般条款更为重要，① 最新的《民法典》第496条对原《合同法》第39条进行了修订，“采取合理的方式提示对方注意免除或者减轻其责任等与对方有重大利害关系的条款”，增加了“与对方有重大利害关系的条款”，实际上是扩大了提示义务的范围，即不限于免责条款，那么保险法在此情形下也应当作相应的调整。另外，“说明”与“明确说明”亦未必有严格区分之必要，分别机制下所导致的另一弊端实是将人们的目光都聚焦于责任免除条款与“明确说明”，而所提出的“明确

① 参见陈群峰：《保险人说明义务之形式化危机与重构》，载《现代法学》2013年第6期。

说明”的标准实际上应当是保险人尽一般说明义务所应达至的标准，故而在一定程度上忽略了保险人的一般说明义务；而从比较法的视域进行对比分析，该条的规定亦可谓“独一无二”。所以，未来我国保险法修订之时，应当统一说明义务的立法机制，毋庸作“说明”与“明确说明”之界分，仅课以保险人“说明”义务，另对责任免除等与投保人有重大利害关系的条款尽提示义务。

其次，补足未尽说明义务的法律效果。一方面，银保监会并未对此一问题作出明确的规范，从银保监会的职责来看，其意在规范保险人的行为，进而维护保险市场有序进行，故而其要求保险人对投资型保险进行特殊的说明事项，严格而言并非私法上保险契约间的说明义务，所以投保人等保险消费者并不会据此产生私法上的请求权。另一方面，就《消法》现行法律框架而言，其对于投保人的保护是极其有限的，唯一可期待的即是扩大“消费者”概念，从而使得投保人在受到“欺诈”的情形下可请求惩罚性赔偿。由此观之，法律效果的补足仍然需要我国保险法的进一步完善。

现行保险法在分别机制下，对未尽说明义务未规范法律效果，对未尽明确说明义务规范“不生效力”的法律效果，此均不利于对投保人的保护，而对其补足则应注意以下两点：其一，基于保险契约乃最大善意契约，双方订立契约时，必须以真诚出之，不容有欺诈意念掺杂其间，虽一方并无欺诈意念，倘有关重要之告知系错误时，或意于告知而成隐瞒之结果时，对方均得解除契约。① 是故应在说明的“统一机制”下，就保险人未尽说明义务的情形，赋予投保人解除权，或透过契约解释来保障投保人，而无须作不生效力之规范②。未来修订保险法之时，宜统一说明义务之立法机制，在保险人未尽说明义务的情形下，赋予投保人选择的权利，由其决定保险契约是否解除；而当下则宜仍将投资型保险契约的“责任自负”条款解释为“免除责任条款”，而将“不产生效力”作扩大解释，认为在此种情形下投保人享有解除权。其二，投保人因保险人未对重要事项说明而订立保险契约，通常会主张若保险人尽说明义务，则投保人将不会与保险人订立保险契约，应当据此享有赔偿损失的请求权，使双方的处境恢复到未订立契约时的状态。保险人违反说明义务而投保人行使解除权，保险契约溯及失效，投保

① 魏文翰：《海上保险学》，中华书局 1947 年版，第 29 页。

② 樊启荣：《保险告知义务制度论》，中国政法大学出版社 2004 年版，第 318 页。

人得请求保险人退还已收取的保险费。而从实务中来看，对于人身保险契约（包括投资型保险契约），法院往往依据我国《保险法》第 47 条的规定，认为在此情形下保险人应退还保单的现金价值。① 然而投保人因保险人未尽说明义务享有的解除权与《保险法》第 15 条所规定的任意解除权并不相同，因为契约的解除往往具有溯及效力，而第 47 条的规定显然乃向将来发生效力，所以严格来说，第 15 条的规定并非契约的解除，而是契约的终止，是以与投保人因保险人未尽说明义务所享有的解除权有所不同。在此种情形之下，可援引《合同法》第 97 条，使双方的处境恢复到未订立契约时的状态，即退还已收取的保险费。

（二）适合性义务的引入

尽管通过完善现行法上的说明义务，其仍然会面临以下问题而不足以保护投保人。首先在于，信息披露的假设前提在于借由信息赋予，使投保人能积极作出投资决定，但实际上投保人未必是真正作成投保决定之人，其可能系将权限委托给保险公司、保险代理人或者保险经纪人，或者依赖于保险业者的推荐，因而使投保人的投资决定实际上乃由保险业者所掌握。② 其次在于投保人未必有足够能力作成合理的投资决定，这不论是基于对金融知识的缺乏、或缺少必要的时间分析信息甚至是因为保险业者的不当行销等所致，皆使得信息披露未必足以保护投保人。相较于欧美国家，受制于我国保险业的发展，投保人与保险人之间信息不对称的情形尤为严重，投保人的权益没有得到妥善保护，说明现有的说明义务仍然有所缺憾，因而有必要引入适合性义务来补充其不足，进一步矫正保险契约双方信息不对称的情形。

事实上，我国目前已有部分适合性义务之“雏形”，针对规范投资型保险商品，《中国保监会、中国银监会关于进一步规范商业银行代理保险业务销售行为的通知》即规定保险公司核保时应对投保产品的适合性、投保信息、签名等情况进行复核，发现产品不适合、信息不真实、客户无继续投保意愿等问题的不得承保。在《关于进一步加强投资连结保险销售管理的通知》中要求保险人应将投资

① 参见广西壮族自治区桂林市秀峰区人民法院民事判决书，（2013）秀民初字第 949 号。

② Peter J. Barack, “The Random Road to a New Suitability”, *Yale L. J.* 83, 1974, pp. 1527-1528.

型保险销售给具有相应风险承受能力的客户人群，并建立风险测评制度。值得注意的是，在《最高人民法院关于当前商事审判工作中的若干具体问题》中专门强调金融业者的“适当性”义务，并在举证责任的分配上，规定“在案件审理中，金融消费者对其主张的购买产品或接受服务的相关事实，应承担举证责任。卖方机构对其是否履行了解客户、适合性原则、告知说明和文件交付等‘适当性’义务等案件事实，应承担举证责任”。但规范仍以行政规范性文件为主，通常只具有宣示性的规范意义而缺乏可操作性。通过总结德国、日本及我国台湾地区的立法经验，监管法规因无法产生私法上的责任，故而对投保人的利益保护稍显不足，是以未来我国对保险商品推介适合性义务的规范还应当进入私法领域，通过公法与私法规范的配合，妥善保护保险消费者的利益。

第三节　契约无效或终止时的法律效果

一、投资型保险契约的效力

关于投资型保险契约无效或终止时的法律效果存在两个理论问题：一是当投资型保险契约投资部分或保险部分的某一部分无效时，其他部分的法律效力如何？应当仅是该部分无效抑或是契约整体归于无效？二是投资型保险契约的效力应当是“解除”抑或“终止”？这些问题涉及对保险契约性质的再思考。

（一）“部分”抑或“全部”：投资型保险契约的定性

承前述，投资型保险乃一兼具保险与投资双重特征的商品，而通过对投资型保险投资部分的性质分析，以及投资部分与保险部分的关系，投资型保险契约应当为混合契约，而非契约联立。进言之，根据投资型保险是否设立专门的分离账户，投资型保险分属不同的混合契约类型。如分红保险与预定型保险产品，实际上只是在传统保险契约的基础上增加分红或其他理财等投资功能，保险部分为主要部分，投资部分为非主要部分，非主要部分被保险部分所吸收，属于典型契约附其他种类的从给付。但如投资连结保险、万能保险与非预定型保险产品，其分离账户（投资账户、万能账户、个人账户）的资金完全依照资本市场进行运作，区别只在于由投保人承担不同程度的投资风险，该保险部分与投资部分不仅是功能上的界分，在实质上也因投保人的资金归于不同账户而进行运作，应当属于类型结合契约。

然而，混合契约与契约联立最大的区别，即在于前者是单一契约，而后者是多个契约的联立。无论是典型契约附其他种类的从给付，还是类型结合，均属于单一属性的混合契约，因此投资型保险契约之效力只能是全部有效或全部无效，而不存在部分有效或部分无效之可能。当投资型保险契约的保险部分在依传统契约法理或保险契约法理而无效之情形下，投资部分也当然无效，方符合混合契约的基本属性。同时，这一原理在投资型保险契约终止情形下亦同样适用。

（二）解除抑或终止：保险契约为继续性契约疑义的理清

对于保险契约的效力应当“解除”抑或“终止”的问题，涉及保险契约是否为继续性契约这一理论争议。因为倘若保险契约是继续性契约，根据继续性契约效力的持续性与给付内容的不可回复性，其效力只能“终止”而不是“解除”，相关规范上亦应当作相应修正。

根据时间因素是否对契约给付义务的内容及范围发生影响，可将契约区分为一时性契约与继续性契约。一时性契约指契约的内容，因一次给付，即可实现；而继续性契约，则指契约的内容，非一次的给付可完结，而是继续的实现，其基本特色系时间因素在债的履行上居于重要的地位，总给付内容为应为给付时间的长度。① 从我国《合同法》（《民法典》）规定的内容来看，其总则是以一时性契约为蓝本所设计，而并未过多考虑继续性契约的特殊性。但是，继续性契约在契约无效或被撤销、契约履行、违约补救、解除权的发生以及契约解除的效力上，与一时性契约存在差异。② 然而，保险契约究竟是否为继续性契约？这需要结合继续性契约的特征，对保险契约进行详细分析。

以一时性契约与继续性契约的区分标准，结合保险契约的性质进行考察，保险契约当属于继续性契约，因为保险契约的给付内容具有继续性。但保险契约作为继续性契约总受到各种质疑，以下即对存疑之处进行理清。首先，保险人的给

① 王泽鉴：《债法原理》，北京大学出版社 2013 年版，第 155~156 页。

② 韩世远：《合同法总论》，法律出版社 2011 年版，第 64~65 页。

付义务是否具有继续性。有学者认为，保险契约乃一方负无条件的保费给付义务，另一方则为负附停止条件的保险金给付义务，因此保险契约的给付内容是一次性的，并非属于继续性契约。然而，若从保险的功能出发，其旨在使遭受风险所生的损失，分散于社会大众，使原本应由个人承担的损失，转嫁于社会，使投保人生活的安定得以确保。① 所以，保险人所提供的保障实并非始于保险事故发生之时，而是于整个保险期间内保险人均负有承担危险的义务。对于投保人而言，即使保险事故未发生，保险契约所提供的保护即已具有精神上及经济上的价值。② 保险人所负的危险承担义务，贯穿于整个保险期间，属无条件的给付义务，而保险金的给付只是危险承担义务的具体履行方式，无论在保险期间内，保险人给付几次保险金，保险人的义务均具有继续性的特点。其次，保险契约双方的义务是否具有无限延续性。通常认为，继续性契约应当具有三个基本特征：一是继续性契约自始欠缺确定的总给付内容，给付时间的长度对契约总给付的确定具有决定意义；二是继续性契约一般具有无限延续性和不可耗损性；三是继续性契约的当事人之间负有持续尽力义务且具有极强的信赖关系。③ 保险契约为最大诚信契约，契约双方当事人自是具有极强的信赖关系，投资型保险因投资部分的特殊性，使得投保人对保险人的信赖程度更高，因此第三项并无疑义。而前两项实可视为同一论点，即继续性契约的给付应当具有无限延续性，换言之，其应当是无限期契约。但是保险契约必然存在保险期间，不可能有无限期保险契约的存在，因此似乎并不满足继续性契约的特点。然而，事实上并非所有的继续性契约，其总给付的范围在契约订立时都无法预估，因此其关键之处并不在于是否有契约期限，而在于契约给付本质上是否具有无限延续性。例如，被认为是继续性契约的租赁契约、雇佣契约等，在签订契约时也往往就已经明确其存续期限，其总给付从一开始也已经确定，但因其契约内容并非一次的给付可完结，而是继续地实现，只是时间限制了总给付的范围，否则，给付将源源不断地进行下去，无限延续，这正是继续性契约“继续性”之所在。④ 同样，保险契约内含大数法则

① 施文森：《保险法总论》，自版 1985 年版，第 14 页。

② 江朝国：《保险法基础理论》，中国政法大学出版社 2002 年版，第 39 页。

③ 屈茂辉、张红：《继续性合同：基于合同法理与立法技术的多重考量》，载《中国法学》2010 年第 4 期。

④ 王文军：《继续性合同及其类型论》，载《北方法学》2013 年第 5 期。

的原理，通过保险精算合理确定保费与契约的期限，但保险人危险承担之义务亦并非一次性给付即可完结，若非受保险期间之限制，其亦可无限延续下去。保险契约可以在一个期限完结后进行续保，也正是说明了保险人之义务具有无限延续的特点。只是由于保险契约属商事契约，具有要式性，因此其无法像民事契约般通过行为或默认的方式而得以自动延续，必须得履行相应程序。对于投资型保险而言，这种“继续性”则更为明显，投资部分的收益往往是随着投资绩效或公司经营绩效而变动，在此过程中保险人不仅要承担风险保障的义务，还要承担为投保人持续管理投资资金的信义义务，从而使得投资型契约亦具有“继续性”的特征。

继续性契约与一时性契约在法律制度上最大的区别即在于契约的解除与终止。德国法上的终止与解除是两种并列的法律制度，终止是向将来发生效力，而解除则也对过去发生效力，已经履行的部分并不消灭，而是转变为返还性债务关系。① 就继续性契约而言，由于继续性债务关系着眼于较长的、通常并不确定的时间，因而产生了提前结束契约关系的需要，但与解除权相联系的已受领给付的回复清理并不符合当事人的利益，通过特别的终止使继续性债务关系向将来消灭是适当的。② 但是我国并未对此作出区分，《合同法》（《民法典》）把终止作为与契约消灭相同的概念使用，而把德国法所称的终止也称为解除。有认为，经过实践检验证明，将终止作为解除的一种类型，把这种意义的终止直接称为解除，不再使用终止字样，不至发生不适当的后果。③ 就典型的继续性契约，如租赁契约、雇佣契约，自是并无疑义。但对于保险契约而言，当保险事故未发生时，保险人的风险承担义务属于一种无形的义务，它无法直观地为投保人、被保险人所感知，倘若保险契约在此时解除，则易产生分歧：保险人究竟应当返还多少保费？解除的效力是否溯及既往？因此，契约的解除与终止还是有必要在立法上予以区分，继续性契约应当采用终止，保险合同法以及民法典契约编都应作相应调整，以杜绝争议。

---

① ［德］迪特尔·梅迪库斯：《德国债法总论》，杜景林、卢谌译，法律出版社 2004 年版，第 391~392 页。

② ［德］迪尔克·罗歇尔德斯：《德国债法总论》（第 7 版），沈小军、张金海译，中国人民大学出版社 2014 年版，第 286~287 页。

③ 崔建远：《合同法总论（中卷）》，中国人民大学出版社 2016 年版，第 629 页。

二、投资型保险契约无效或终止时保费的返还

考察《保险法》的相关条文，有相当部分内容涉及保费的处理问题，即在契约无效或终止的情形下，投保人所缴纳的保费在何种情形下应当予以返还，而在何种情形下则不予返还。保费的返还与否，是法律对特定情形下保险人与投保人之间利益平衡的结果，同时也符合保险契约法的最大诚信原则与对价平衡原则。

（一）最大诚信原则与对价平衡原则的探讨①

1. 最大诚信原则的证立

最大诚信原则被认为是保险契约法中最重要的原则，因为保险人的给付与否及给付范围，均具有射幸性，并且高度仰赖投保人与被保险人的善意与诚信，举凡订约时的危险估计、订约后的危险维持、危险变动，及保险事故发生后对保险标的物的求助与保全，均有赖投保人与被保险人的善意配合，故保险契约又被称为最大善意契约或最大诚信契约。② 然而近年来，最大诚信原则却备受质疑，其究竟是否存在？尤其是在《民法典》已经将诚信原则确立为基本原则的背景下，保险契约法还有否必要另行探讨最大诚信原则？又当如何与民法上的诚信原则相协调？以下即将对此作进一步阐释。首先，保险法上的最大诚信原则是客观存在的。这是因为：其一，从历史上来看，最大诚信原则形成于一系列的判例，并最终在成文法中得以确立。若论最大诚信原则，可追溯至 1766 年的 Carter v. Boehm 案，③ 英国著名的曼斯菲尔德勋爵确立了保险法的最大诚信原则，其后的 Lindenau v. Desborough 案④则进一步肯定并扩展了最大诚信原则的适用范围。直至 1906 年英国《海上保险法》第 17 条之规定："海上保险契约是高度（最大）诚实信用契约。任何一方不遵守诚实信用，他方可以解除契约。"⑤ 这使得最大

① 该部分主要内容源于阶段性研究成果：《论民法典与保险合同法的协调立法——以保险合同之性质为视角》，载《民法典编纂中的商事法律制度建设》，湖北人民出版社 2019 年，第 3~14 页。

② Deutsch, Das neue Versicherungsvertragsrecht, Rn. 14. 转引自叶启洲：《保险法实例研习》，台湾元照出版有限公司 2011 年版，第 37 页。

③ （1776） 3 Burr 1905.

④ （1828） 8 B. & C. 586. 108Eng. Rep. 1160.

⑤ 肖和保：《保险法诚实信用原则研究》，法律出版社 2007 年版，第 32~33 页。

诚信原则在立法例上得以确立。但近年来有学者考察发现，被认为是最大诚信原则判例法渊源的 Carter v. Boehm 案的判决中只是强调保险契约需要当事人的“good faith”（诚信），并未言及“utmost good faith”（最大诚实信用），并由此否认最大诚信原则的存在。① 但我们认为，最大诚信原则本就是一抽象概念，在产生初期其含义与适用范围亦不成熟，故而即使 1776 年 Carter v. Boehm 案中并未明确载明“最大诚信原则”，但判词中“任何一方当事人都不得隐瞒仅为自己已知的情形、并从对方的不知道和误以为真这一状态中获得交易……”② 这一论述事实上已暗含最大诚信原则的内涵。另言之，即使保险契约法最大诚信原则并非起源于 1776 年 Carter v. Boehm 案这一单个节点，该案以及此后的一系列判例也可证成其存在。③ 其二，从理论上来看，保险契约的特殊性足以支撑最大诚信原则的存在。一方面，保险契约是射幸契约，要实现保险的功能必须坚守最大诚信原则。投保人给付保险费的义务在保险契约成立时即已确定，但保险人给付保险金的义务则由于不可预料的保险事故而处于不确定状态，是以使得保险契约具有射幸性。而机会主义者则擅于利用此一特性以谋取不正当利益，极易滋生道德危险，并进而阻碍保险分散转移风险之功能的实现，因此保险契约应特别强调各方当事人的善意与诚信，坚守最大诚信原则。另一方面，保险契约是格式契约，也是依大数法则所构建的合同，最大诚信原则有利于改善契约双方的信息不对称。保险行业是极度依赖信息的行业，也是典型的信息不对称行业。保险人需要足够的信息拟定保险费率，制定保险契约。保险乃预先集合感受同一危险威胁的多数人，依大数法则计算缴纳保险费，以分散危险之社会及金融制度。④ 因此最大诚信原则之下投保人的如实告知义务，为保险人提供有关保险标的的信息，这是保险运营的基础。同时，投保人也需要足够的信息判断特定保险产品是否满足自己的需求。随着保险产品复杂化与多元化，加之保险契约的定型化，投保人的判断与选择受到了极大的限制，此时保险人得依最大诚信原则履行说明义务与建议义

① 参见方印：《我国新保险法诚实信用原则的合理性》，载《暨南学报（哲学社会科学版）》2014 年第 2 期。

② （1776）3 Burr 1905.

③ 参见韩永强：《保险合同法“最大诚信原则”古今考》，载《华东政法大学学报》2013 年第 1 期。

④ 陈猷龙：《保险法论》，台湾瑞兴图书股份有限公司 2010 年版，第 1 页。

务，为投保人提供有关保险产品与保险契约的信息，以保障保险产品满足投保人的需求。有学者认为，射幸契约、格式契约、信息不对称、保险功能等都无法证成最大诚信原则，因为这并非保险契约所独有的特性。① 但事实上，即使其他契约也同为射幸契约、格式契约，或具有信息不对称的特征，但仔细比较，仍有所不同。就如与保险契约同为射幸契约的赌博契约，保险之目的在于转移风险，而赌博却是在制造风险。又如基于信息不对称而产生的告知义务，倘若与一般买卖契约相比较，对于作为“买方”的投保人有提供信息义务之要求，事实上仅为保险契约所独有，这也是最大诚信原则最初产生的缘由。进言之，若论单个特性已是有所不同，更毋论集所有特性于一体的保险契约了，因此保险契约的特殊性足以证成最大诚信原则之存在。

其次，最大诚信原则是民法上诚信原则在保险领域的延伸。其一，现代法上的诚信原则能够包含最大诚信原则的含义。诚然，最大诚信原则萌生于英国，这个一贯信奉合同自由主义且并未将诚信原则作为合同基本原则的国度，而且当“最大诚信原则”在英国被逐渐奉为保险法基本原则时，诚信原则亦尚未在大陆法系的法典中得到确认。② 换言之，从最大诚信原则的起源来看，最大诚信原则与诚信原则并无实质关联。但诚信原则发展至现在，已经拥有了丰富了内涵，典型有四说：一是人类最高理想的标准为爱人如己，法律应以此社会的理想为标准，而诚信原则亦须以此理想为判断准则；二是在交易上，诚信原则为人人可得期待的交易道德上基础；三是诚信原则与罗马法的一般恶意抗辩之意义相同；四是诚信原则乃为当事人双方利益的公平衡量。③ 由此观之，由诚信原则可衍生出诸多法律制度，无愧为民法的帝王条款，自是亦能包含最大诚信原则所要求的诚实、善意、不欺骗与欺诈。其二，最大诚信原则的“最大”，是保险契约法对诚信原则的特别要求。有学者认为，保险契约法的最大诚信原则容易使人产生这样的误识：最大诚信原则是比诚信原则更高程度的诚信，但现实中却难以明晰两者之间的界限与标准，徒增法律适用的困扰。但保险契约法之所以强调“最大”实

---

① 参见任自力：《保险法最大诚信原则之审思》，载《法学家》2010 年第 3 期。

② 韩永强：《保险合同法“最大诚信原则”祛魅》，载《甘肃政法学院学报》2011 年第 2 期。

③ 姚志明：《诚信原则与附随义务之研究》，台湾元照出版有限公司 2003 年版，第 17 页。

则是基于保险契约的特殊性，而使保险法中存在一些特殊规则。

2. 对价平衡原则的坚守

对价平衡原则直接关涉保费的支付与返还，该原则最早为德国哥廷根大学教授雷克斯在1909年所提出，他认为保险并不是救济，保险费也不是慈善捐款，保险费与保险给付间必须存有对价平衡的关系。① 学者又另称其为“给付与对待给付平准原则”“给付反对给付均等原则”或“收支相等原则”。对价平衡原则在宏观上调控一切有关保费与危险承担的法律制度，它与民法上的等价有偿原则有着密切关联，虽然《民法典》并未明确等价有偿原则，但该原则对于双务有偿契约有着十足的影响力。首先，等价有偿原则本身存在一定的问题，因此无法全盘适用于民法或合同法。等价有偿原则最早见于我国《经济合同法》② 第五条的规定，而后为《民法通则》所采用。等价有偿即是指在商品交换中，坚持运用价值规律，一方在向对方转让某种利益的同时，有权要求对方支付相应的代价。③ 因此等价有偿原则在民事活动中的具体要求：一是当事人的权利和义务往往具有相对性，一方享有权利，也应该向对方履行相应的义务。二是在从事移转财产的民事活动中，一方取得的财产与其履行的义务，在价值上大致是相等的。三是各方当事人都应该取得一定的经济利益，一方不得无偿占有和剥夺他方的财产，侵犯他方的利益。④ 由此观之，等价有偿原则存在两个问题：其一，等价有偿原则的适用范围是有限的。等价有偿原则无法适用于身份关系，仅能适用于财产关系；即使置于契约法中，亦仅能适用于双务有偿契约。其二，“等价”的要求难以达到。“等价”的核心在于要求当事人之间的相互给付在价值上应该是相等的，⑤ 但在现实生活中，缺乏对当事人给付价值在客观上的准确衡量，也就更难以判断是否相等。因此，等价有偿原则本身即存在不明确之处，其适用范围存在限制，自其订入《民法通则》以来即受到质疑，故而《民法典》未将其予以纳入。

对价平衡原则，可谓是等价有偿原则在保险契约法中的改良，保险契约法应

① 刘振鲲：《图解保险法入门》，台湾元照出版有限公司2015年版，第26页。

② 《中华人民共和国经济合同法》（1981年12月13日颁布，1999年10月1日失效）。

③ 张瑞萍：《等价有偿原则质疑》，载《当代法学》1992年第1期。

④ 武延平主编：《企事业法律顾问实用大词典》，法律出版社1994年版，第5页。

⑤ 张瑞萍：《等价有偿原则质疑》，载《当代法学》1992年第1期。

当坚守。这是因为：其一，保险契约是典型的双务有偿契约，应当遵循对价平衡原则。对价平衡原则强调投保人给付保险费的义务与保险人承担危险或给付保险金的义务之间，具有对价平衡关系。保险契约为有偿契约，投保人给付保险费后，其对价关系乃为保险人对于保险事故发生与否的危险承担。① 同时，保险契约亦为双务契约，投保人负有给付保险费的义务，保险人则负有承担危险的义务，二者之间具有对待给付关系。② 以对价理论视之，即每个允诺人对其所作的允诺而寻求的回报，③ 投保人即是以保费为对价，以换取保险人承担危险的允诺。具体而言，在保险事故发生前，保费为保险人承担危险的对价；而在保险事故发生后，保险人承担危险的具体方式即是给付保险金，此时保费即为保险人给付保险金的对价。其二，保险制度的运营，也需要对价平衡原则。保险契约中的对价平衡关系是建立在危险团体互助的基础之上，与一般民事契约有所不同，应从保险团体的角度进行解读。保险是为了确保经济生活的安定，对特定危险事故发生所致的损失，集合多数经济单位，根据合理计算，共同聚资，以进行补偿的经济制度。④ 因此保费不仅是投保人换取保险人承担危险的费用，也是其加入保险团体所应分担的费用，并以此构成保险团体的基金。故而保险费率的厘定与整个保险团体的危险发生概率、危险程度大小均须具有合理的比例关系，使保险费与保险人所承担危险间符合对价平衡原则。⑤ 而具体达至平衡的比例，则依赖于对大数法则的运用，因此它是相对精准与确定的。

3. 小结：最大诚信原则与对价平衡原则对保费规则的影响

最大诚信原则要求保险契约双方都依循最大诚信行事，因此不得有隐瞒、欺诈等行为，倘若保险契约双方有不诚信行为的发生，将赋予另一方契约终止权，而可能使保险契约的效力归于终止，比如在强调保险人的说明义务之外，特别强调投保人的告知义务，因为投保人违反如实告知义务会使保险契约的成立缺乏可

① 汪信君、廖世昌：《保险法理论与实务》，台湾元照出版有限公司 2015 年版，第 16 页。

② 叶启洲：《保险法实例研习》，台湾元照出版有限公司 2011 年版，第 29 页。

③ ［美］费里尔、纳文：《美国合同法精解》（第四版），陈彦明译，北京大学出版社 2009 年版，第 60 页。

④ 袁宗蔚：《保险学：危险与保险》，首都经济贸易大学出版社 2000 年版，第 52 页。

⑤ 刘振鲲：《图解保险法入门》，台湾元照出版有限公司 2015 年版，第 26 页。

靠之基础；另如当投保人、被保险人或受益人故意使保险事故发生时，都将成为保险契约效力终止的缘由。而保险契约效力终止后，则涉及保险费如何处理的问题。此时则涉及对价平衡原则的运用，其要求保费与危险承担相平衡，亦即保险人所收取的保险费与保险人所承担的危险之间应当具有均衡关系。

依据对价平衡原则之要求，一方面，在契约存续期间要求保费与危险承担相平衡，如在当投保人年龄不真实时，倘若保险人仍愿意承保，则应当根据被保险人的真实年龄对保费进行调整；又如在保险标的的危险程度增加或减少时，在保险人仍承保之情形下，亦应当根据保险标的之真实情况对保费进行相应调整。另一方面，在保险契约已终止但保险期间未届满时，纵使保险人不承担赔付责任，也会退还保费。而基于人身保险所具有的储蓄性，保险人在不承担赔付责任时退还保单的现金价值，如投保人或受益人故意造成被保险人死亡、伤残或疾病的，被保险人自杀的。但是当投保人、被保险人或受益人极端违反最大诚信原则时，如投保人故意不如实告知、被保险人或受益人谎称发生了保险事故，以及投保人或被保险人故意制造保险事故时，则不退还保费，在某种程度上可视为对投保人（被保险人、受益人）极端不诚信行为的一种惩罚，这也是对价平衡原则对最大诚信原则的让步。

然而，就投资型保险契约而言，以上基于最大诚信原则与对价平衡原则的保费规则未必能够全盘适用，因为投资型保险契约的投资部分并非依照保险契约的原理所运作。如前所述，未设立分离账户的投资型保险属于典型契约附其他种类从给付，其因为未设立分离账户，从功能上而言，仍以风险保障为主，投资功能较弱，风险保费与投资保费没有单独进入不同的账户，而仅是功能上的区分，因此实践中较难以分割，故而应当适用保险契约法之一般规则；而设立分离账户的投资型保险则属于类型结合契约，其风险保费与投资保费分别进入保障账户与分离账户进行独立运作，两部分保费不仅在功能上有明确的界分，在实践中也是完全可以分割的。对于风险保费适用保险契约法的相关规则自无疑义，而关于投资保费的适用规则应当另行探讨，以下就设立分离账户的投资型保险进行展开分析。

（二）情形之一：投保人未履行告知义务

依《保险法》第 16 条的规定，投保人在订立保险合同时因故意或重大过失未履行如实告知义务，足以使保险人决定是否同意承保或提高保险费率的，保险人享有终止保险契约的权利。而在投保人因重大过失未履行如实告知义务时，保险人将不承担保险赔付责任，但是应当退还保费；而在投保人因故意未履行如实告知义务时，保险人则不承担保险赔付责任，而且不退还保费。①

在投保人因重大过失未履行如实告知义务时，保险人不承担保险赔付责任，但应当退还保费，这符合保险契约法的对价平衡原则。这对于投资型保险契约的保险部分自无疑义；但对于投资部分则该当如何呢？基于投资型保险作为混合契约的属性，保险部分的终止既而导致投资部分的终止，但投资部分并非依据保险契约而订立，因此并不适用对价平衡原则，只能从民法法理上寻求理论依据。民法有“无法律上的原因而受利益，而使他人受损害的事实”，称之为“不当得利”,② 财产权益受损害之人可请求他人予以返还。据此，投保人实可依据民法之不当得利返还规则要求保险人予以返还。进言之，投资型保险契约乃一继续性契约，投资部分的“继续性”尤为明显，投资保费已进入分离账户进行运作，有盈余或亏损的可能，无法简单地以“返还保费”进行处理，其终止后的效力不应当溯及既往，否则有可能产生对投保人或保险人不公平的结果，此时投资部分应当返还“分离账户的价值”。补充说明的是，在其他退还保费的情形下，如投保人终止合同的情形，保险人在合同中止后行使终止权的情形，以及人身保险合同中投保人年龄不真实等情形，与财产保险合同中保险标的危险程度显著增加的情节，同样亦适用此一结论，即投资部分不应当退还保费，而应当返还“分离账户的价值”。至于分离账户之价值如何计算，则依保险契约约定的方式。

在投保人因故意未履行如实告知义务时，保险人不承担赔付责任，而且不退还保费，此即对价平衡原则对最大诚信原则的让步。观察该条的立法理由，其理论乃基于保险契约在特性上，投保人得缴付小额保险费，倘若所约定的事故发生，即能得到巨额的保险金，以此“以小博大”的可能性可能产生较高的道德危险。另外在保险契约中，投保人向保险人揭示所有重要事实的义务产生于下述事实：许多有关情况只有投保人知道，因此如果保险人不知道这些情况，他就不可

① 参见《中华人民共和国保险法》第16条，2015年4月24日。

② 史尚宽：《债法总论》，中国政法大学出版社2000年版，第71页。

能获得正确估计自己应承担的风险所必要的事实。① 因此在投保人故意不履行如实告知义务时，其不仅严重损害了保险契约双方的信赖关系，还危及保险制度经营的基础，“不退还保费”是维护保险风险保障与防范道德危险的需要。这一制度对于投资型保险的保险部分自无疑义，而对于投资部分的适用则有待探讨。投资部分从法理上并不适用告知义务的原理，该部分的保费亦并非用来购买风险保障，并不存在以违反告知义务获取巨额保险金的可能，纵使因保险部分的终止亦导致投资部分的效力终止，但分离账户的资金并不适用风险保费之一般规则，仍应当依民法的不当得利法理而要求保险人予以返还。至于返还部分，则根据投资型保险的继续性，而仅返还“分离账户的价值”。

（三）情形之二：投保人、被保险人或受益人的“故意行为”

所谓的“故意行为”，即是依保险法第 27 条的规定，被保险人或者受益人在未发生保险事故而谎称发生了保险事故的情形，与投保人、被保险人故意制造保险事故的情形下，保险人有终止保险契约的权利，并不退还保费。② 从形式上看，保险人终止保险契约，不承担赔付责任，且不退还保费，似乎并不符合对价平衡原则。然而，投保人（被保险人或受益人）的“故意行为”若不通过如此法律上的阻却方式，将导致极大的道德危险。所谓的“道德危险”，包括积极的道德危险与消极的道德危险，此处的道德危机即为积极的道德危险，是投保人、被保险人或受益人为诈取保险金而故意促使危险发生的种种行为或企图。③ 投保人（被保险人或受益人）对保险所保障的危险，本应尽最大努力所避免，然而却积极热切希望危险的发生，具有较大的“恶意”。是以此种由当事人的意志而促使危险的发生或损失的扩大的道德危险，虽名为“道德”，其实必为“不道德”，④ 是一种极端违背最大诚信原则的行为，也破坏了保费与危险承担之间的均衡关系。因此，保险人不退还保费，此时恰恰维护了对价平衡原则，以避免投

① ［英］P. S. 阿狄亚：《合同法导论》，赵旭东等译，法律出版社 2002 年版，第 266 页。

② 参见《中华人民共和国保险法》第 27 条，2015 年 4 月 24 日。

③ 陈云中：《保险学》，台湾五南图书出版公司 1985 年版，第 66 页。

④ 樊启荣：《保险法》，北京大学出版社 2011 年版，第 12 页。

保人（被保险人或受益人）的行为导致保险标的的危险超出合理的可估量的范围，也可视为是对投保方的一种惩戒。

在此基础上，人身保险有一些特殊规定。一方面，考量人身保险所特有的储蓄性，尽管投保人（被保险人）有“故意行为”，但人身保险经过两年时间可累积现金价值，故而保险人虽不承担赔付责任，但仍然应返还保单的现金价值，该部分与道德危险并无关联。另一方面，受益人的“故意行为”，并不使得保险人免除赔付责任，只是行“故意行为”的受益人丧失受益权，这是因为立法考虑到保险契约法是以被保险人为保障中心，不能因为受益人的过错行为导致被保险人失去保险保障，也是法律对保险契约当事人之间利益的平衡。

然而，对于投资型保险而言，以防范道德危险所建构的相关规则显然只适用于保险部分，对投资部分并不适用。从相关法理来看，投资部分并非依传统保险法理所建构，也无防范道德危险的考量。而从实践观察，投保人（被保险人、受益人）并无必要通过“故意行为”来获得投资部分的收益，并不存在“以小博大”的可能性。但在人身保险新型保险产品的情形下，仍有关于“受益人”的相关问题需作进一步解释：受益人会否因为“故意行为”而丧失分离账户的请求权？原则上，投资部分并不需要防范道德危险，因此基于最大诚信原则与防范道德危险的规则亦并不适用于分离账户。但现实的情况是，受益人的“故意行为”确实可以使之获益，因为投保人或被保险人在保险契约存续期间变更受益人，而使其无法享有分离账户的收益，是以受益人以“恶意”促使投资型保险契约尽快得以结算给付，完全具有现实可能性。对此《信托法》并无相关规定，但依照此时投资型保险契约的属性，可将其视为一“附条件契约”而准据《民法典》的相关规定。“民事法律行为可以附条件，但是根据其性质不得附条件的除外。附生效条件的民事法律行为，自条件成就时生效。附解除条件的民事法律行为，自条件成就时失效。”“附条件的民事法律行为，当事人为自己的利益不当地阻止条件成就的，视为条件已成就；不正当地促成条件成就的，视为条件不成就。”①据此，受益人的“故意行为”事实上属于不当地促成条件成就，应视为条件不成就，而拒绝该受益人请求分离账户的收益。

---

① 参见《中华人民共和国民法典》第158条、第159条。

（四）情形之三：投资型保险契约的无效

契约要求适格的当事人，主体不适格将导致契约无效，这一规则在投资型保险契约中同样适用。此外，在保险契约中，因欠缺保险利益以及未满足死亡保险的特殊规定，也将导致契约效力的无效，投资型保险契约的投资部分因保险部分的无效继而也将无效，此点并无疑义。然而，契约无效的法律后果与终止的法律后果有所不同：契约终止通常不具有溯及力，其终止的效力乃向后发生；而契约无效则通常具有溯及力，契约双方当事人的状态应当返回至未订立契约时的状态，然而这在契约性契约中却难以操作。就投资型保险契约而言，保险部分可退还风险保费，然而投资部分的保费已进入分离账户进行运作，此时分离账户的资金该当如何处理？在大量的主张投资型保险无效的案例中，理由最多的即为投保人或被保险人的签字不符合相关规定。因此我们认为，对于此种情形，还是应当结合个案分析，判断签字不符合规定的情形是由投保方抑或保险方所导致。既然投资部分无法返还到契约订立时的状态，那么在契约无效的情形下应当返还分离账户的资金，但是倘若契约无效是由保险方所导致的，在投保方受有损失的情形下，可以向保险人请求损害赔偿，如有法院认为："安联浙江分公司作为专业的保险机构，对保险法规及行业规范应更为熟悉，对于王某柱以王某卫名义购买人身保险所可能产生的法律后果更应知晓，但其在王某柱投保时未尽审核义务，对造成案涉保险合同无效存在更大的过错，原审法院酌情确定安联浙江分公司对案涉保险合同无效造成的损失承担80%的赔偿责任，并无不当。"①

三、小结：投资型保险契约无效或终止的特殊规范

投资型保险契约作为混合契约，实质上乃单一契约，因此当保险部分无效或解除时，投资部分亦同其效果。此时保险人不承担保险责任，但会有退还保费或不退还保费的法律后果。在未设置分离账户的情形下，因投资部分与保险部分仅是功能上的界分，无法明确区分两部分的保费，则按《保险法》相关规定即可；而在设置分离账户的情形下，则有所不同。首先，在退还保费的情形下，投资型保险的保险部分自是可以全部退还，但投资部分因为已经开始进入资本运作而无

① （2015）浙杭民终字第3237号。

法返回到原来的状态，保险人仅须依据各投资型保险的保险精算规定，退还保单的现金价值或退保给付金，如《保险法》第16条第5款、第49条第2款、第52条第1款以及第54条规定的情形。其次，在不退还保费的情形下，即在《保险法》第16条第4款规定的投保人故意不履行如实告知义务、第27条第1款与第2款规定的被保险人或受益人谎称发生了保险事故与投保人、被保险人故意制造保险事故，这些条文均依最大诚信原则与对价平衡原则所制定。保险人不退还保费，是因为投保人（被保险人、受益人）因其不诚信的行为破坏了危险与保费间的对价平衡，但投资部分的账户价值与危险对价并无任何关系，① 因此应在扣除风险保险费与其他费用后退还给投保人。但在受益人的“故意行为”是一种恶意促成附条件契约的条件成就的行为，仍然应当排除其受益权。在立法修订上，以上规定应为投资型保险设置除外条款，而在投资型保险专章中对相关规定进行详细规范。(如表4-1)

表4-1　**设分离账户的投资保险无效或终止的特别规范**

<table>
<tr><th>《保险法》条款</th><th>规范要点</th><th>传统保险</th><th>投连险、万能险</th><th>非预定保险</th></tr>
<tr><td>第16条第5款</td><td>投保人过失不履行告知义务</td><td>退还保费</td><td>退还分离账户的资产</td><td>退还分离账户的资产</td></tr>
<tr><td>第16条第4款</td><td>投保人故意不履行告知义务</td><td>不退还保费</td><td>退还分离账户的资产</td><td>退还分离账户的资产</td></tr>
<tr><td>第27条第1款</td><td>被保险人、受益人谎称发生了保险事故</td><td>不退还保费</td><td rowspan="2">退还分离账户的资产</td><td rowspan="2">——</td></tr>
<tr><td>第27条第2款</td><td>投保人、被保险人故意制造保险事故</td><td>不退还保费</td></tr>
<tr><td>第49条第2款</td><td>因保险标的转让导致危险显著增加</td><td>退还保费</td><td rowspan="2">——</td><td rowspan="2">退还分离账户的资产</td></tr>
<tr><td>第52条第1款</td><td>保险标的的危险增加</td><td>退还保费</td></tr>
</table>

① 李理:《投资连结保险：法律属性及与现行保险法的冲突》，载《河北法学》2005年第4期。

第五章　投资型保险市场的风险监管

根据契约理论，保险监管最根本的作用之一是保证保险契约的可强制履行性。给定较低的交易成本，则有理性的人们就会使保险契约趋于完备。一份完备的契约没有可供法庭填补的缺口，或可供各种规章纠正的无效率之处。如果契约接近于完备，监管部门的唯一作用是保证契约的履行。然而，契约的交易成本总是存在的，而且契约越完备，交易成本越高。反之，签订合同的交易成本总是存在的，契约就越难以完备。这样，监管的作用就体现在两个方面，在契约完备时，保证契约的可强制执行性；在契约不完备时，填补不完备契约留下的空白。① 此一理论同样适用于投资型保险契约，销售误导的治理即是在投资型保险契约不完备的情形下，填补不完备契约留下的空白；而保险资金运用的约束则是在投资型保险契约完备的情形下，通过确保保险公司的偿付能力以及保险市场正常秩序，以保证投资型保险契约能够依约履行。

第一节　销售误导的治理

一、投资型保险销售误导的诱因：基于法经济学的分析

（一）投资型保险契约双方严重的信息不对称

信息不对称，或者称非对称信息，是指契约双方当事人一方知道而另一方不

① 王国军、潘兴：《后金融危机时代保险业的风险防范与战略选择》，法律出版社2009年版，第276页。

知道或者无法验证的信息。① 在完备的保险市场中，保险消费者能够准确了解自己的需求，也能精确理解保险市场中保险契约条款的具体含义；而保险公司则能够明确各险种的费率标准，如此一来，单个人购买保险的行为并不会影响其他人的保险费率与事故概率。② 然而，现实情况是保险市场完美运行这一理想从来就未曾实现。保险契约双方当事人在对与保险商品相关的信息拥有量上存在差异，保险人往往处于信息优势地位，而保险消费者则处于信息劣势地位，这种非对称情形主要源于三方面的原因③：其一，保险契约双方私人信息拥有的差异。信息有私人信息与公共信息的界分，其中私人信息是指个别市场参与者所拥有的具有独占性质的市场知识。保险公司对于其开发的保险产品的成本、价格与风险，以及自身的经营状况、未来偿付能力等属于私人信息，这样的信息往往只被能接近和熟悉保险公司的人观察到，而诸如保险消费者是难以了解的。由于保险契约双方在私人信息拥有上存在着这种天然差异，导致非对称的信息分布。其二，保险契约双方信息获取能力的差异。信息获取能力是指交易者根据自己的需要从各种信息源中收集信息、分析信息、利用信息的能力。保险人不仅占有自己保险产品的信息，对于其他保险公司开发的保险产品或其他可替代产品信息的获取也十分容易；但保险消费者却没有太多的途径在投保之前就不同保险公司所提供的可替代保险产品进行比较，要比较可替代保单的价值对于普通消费者而言实在是极其困难的事情。④ 因此，在契约双方在都不拥有私人信息的情形下，信息获取能力的差异也会导致信息分布的非对称。其三，保险契约双方信息获取成本的差异。信息获取成本是交易者为获取与交易有关的信息而花费的时间和费用。保险公司集结了保险行业及相关领域的专家，专业优势决定了他们能够较为容易地获取行业信息；而保险消费者往往都是“门外汉”，虽然保险消费者作为一个群体很希

---

① 易宪容：《现代合约经济学导论》，中国社会科学出版社 1997 年版，第 96 页。

② 参见［美］肯尼斯·S. 亚伯拉罕：《美国保险法原理与实务》，韩长印等译，中国政法大学出版社 2011 年版，第 6 页。

③ 许莉：《非对称信息与保险交易行为研究》，中国金融出版社 2010 年版，第 18～20 页。

④ ［美］小罗伯特·H. 杰瑞、道格拉斯·R. 里士满：《美国保险法精解》，李之彦译，北京大学出版社 2009 年版，第 2 页。

望获得信息，然而获取信息的成本却难以在保险消费者群体内分摊。① 因此，保险契约双方获取相同信息所付出的成本是不相同的，这种差异主要受社会分工和专业化的影响，不同行业的人之间产生了巨大的行业信息差别。保险人显然更为了解自身专业领域的知识，从而形成专业性的信息优势。而这种信息不对称在投资型保险契约中则更为严重，因为投资型保险并非一般的保险产品，保险消费者除需要具备传统保险的一般知识外，还必须具备一定方面的投资知识，这对于多数保险消费者而言是一大挑战。

纯粹的信息不对称并不一定导致市场无效率的结果，良好的竞争机制会促使信息优势者主动披露信息；但在不充分竞争的情形下，则会催化信息不对称的负作用。在充分竞争的市场环境下，沉默是不可能坚持的，因为高价值的销售商将通过自愿的告之来使自己与低价值的销售商相区别，最后的结果是所有的销售商都告之了他们的私人信息。② 此时通过信息优势者的信息披露，矫正了初始阶段信息分布的不对称，市场参与者能够获得充分的信息，选择自由选择权。然而，保险行业是典型的垄断行业，严格的准入制度、人身与财产保险的分业经营等都导致同类保险产品的可替代性不强，几家大型保险公司几乎把持了保险产品的价格，保险人不再有动力主动披露信息。此时信息不对称的负面作用是十分明显的，首先，它对于信息劣势方而言，导致保险消费者行为的无效率。倘若要使自由市场得以有效运转，就必须使市场参与者在得到充分信息的基础上，评估市场上的可替代产品；而如果市场上的信息量不足，这个市场上的竞争就不充分，消费者无法自行选择最优秀的产品，甚至他们选中的经常是一文不值的产品。③ 在保险领域中，基于保费计算方式的特殊性，当保险消费者向保险人退保时，还要承担一大笔的退保费用。故而保险消费者购买不符合自己需要的保险产品，耗费了相当的个人努力、时间与金钱，但并未满足自身的需求，是典型的无效率行为。其次，信息不对称，也导致保险市场的低效率。因为一方面，信息不对称将

① ［美］小罗伯特·H. 杰瑞、道格拉斯·R. 里士满：《美国保险法精解》，李之彦译，北京大学出版社 2009 年版，第 2 页。

② ［美］道格拉斯·G·拜尔、罗伯特·H·格特纳、兰德尔·C·皮克：《法律的博弈分析》，严旭阳译，法律出版社 1999 年版，第 96 页。

③ ［美］小罗伯特·H. 杰瑞、道格拉斯·R. 里士满：《美国保险法精解》，李之彦译，北京大学出版社 2009 年版，第 2 页。

增加保险市场的交易成本。因为信息不对称的存在，信息优势方极容易利用相对方信息不足，追求自己的利益而损害相对方利益；同样，信息劣势方会担心相对方的“损人利已”而对相互间的交易持怀疑态度。如此，则将导致双方的保险交易难以达成。① 那么为了能够达成交易，契约双方通常需要反复的博弈过程，使得保险交易双方当事人必须为获得信息付出更高的交易成本，进而降低了保险交易效率。另一方面，信息不对称促使保险“柠檬”市场的形成，并对市场机制造成破坏作用。美国经济学家乔治·阿克洛夫将市场上低质量的商品喻为“柠檬”，分析在信息不对称的情形下，质量好的商品会被“柠檬”逐出市场，从而造成商品的平均质量趋于下降，市场规模不断缩小的结果。② 而保险“柠檬”市场的形成，正是由于保险消费者相对保险人的信息劣势所形成的逆向选择。在信息不充分的情形下，保险消费者选择保险产品的唯一依据就是价格，质量好的保险产品无疑不具有价格优势，难以得到保险消费者的青睐，会逐渐被“柠檬”逐出市场，从而导致保险市场的保险商品质量普遍下降。

针对保险市场上的信息不对称，保险人并无动力将信号传递给保险消费者；而保险消费者也无法诱使保险人揭示私人信息，信息不对称的负作用无法得到矫正，此时最好的激励机制就是法律的干预，如监管机关制定相关的信息披露规则。而对于投资型保险而言，由于保险金的最终给付随投资绩效而变动，并非是一确定的数额，因此这种信息披露规则还要由缔约时延伸至契约期间，直至契约终止。

（二）保险消费者的有限理性

保险领域的消费者仅具有限理性，首要因素则是因投资型保险商品固有的特殊性，从而导致保险消费者的认知偏差。投资型保险商品不仅仅是保险市场上的交易对象，也是投保人作为保险保障或者投资理财的工具，其在（保险）事故发生前，可以消减因可能发生不确定事故之恐惧感；在（保险）事故发生后，可以

---

① 参见王艳玲：《保险中介委托-代理法律制度及其博弈分析》，大连海事大学出版社2008年版，第15页。

② ［美］阿克洛夫、斯彭斯、斯蒂格利茨：《阿克洛夫、斯彭斯和斯蒂格利茨论文精选》，谢康、乌家培编，商务印书馆2010年版，第2~4页。

弥补因发生损失所产生之不利益。① 因此与一般的实物商品、传统的保险产品以及其他金融商品有所不同，但也具有无形性、专业性与复杂性的特征，使得消费者所面临的信息往往是不确定、不完全并且复杂的。而认知心理学研究表明，人们在社会认知过程中面临这样的信息，通常难以对其进行分析与处理。因为个人的认知能力具有局限性，在认知过程中容易采取捷径式途径，即倾向于依赖常见的原则或路径来进行决策，② 尤其是在时间紧急、注意力分散以及分析评估能力有所欠缺时，以减少时间成本与资源的利用，然而此种信息处理方式则极易造成非理性决策的产生。因此，保险商品的特殊性易导致保险消费者不易识别、无法识别或者产生认知局限。

1. 保险消费者的认知偏差：投资型保险商品的特殊性

投资型保险商品的特殊性，以及保险消费者专业知识与经验的不足，不利于保险消费者对相关信息进行识别，容易形成非理性的购买决策。首先，投资型保险商品的无形性，使得保险消费者不易识别。保险商品，在保险交易过程中即是满载权利与义务的保单，它是一系列信息的排列组合。然而，普遍的保险消费者对保单知之甚少，他无法直观地感受到自己购买的究竟是什么。因为保单作为一份承载保险契约双方当事人权利义务的书面凭证，保险消费者无法直接据此判断保险商品的品质。根据揭示商品中欺诈因素的成本将商品分为三类：一是“勘验”商品，其品质可以在交易前通过勘查加以确定。二是“经验”商品，其内在品质只能通过使用来揭示。三是“信任”商品，其内在品质难以通过勘查或使用来揭示，而只能依赖于出售者所提供的信息。③ 保险商品就是典型的“信任”商品，其没有可供价值评估的形态，也就无法通过勘察或者使用经验来揭示其内在品质，只能通过保险人所提供的信息，来对特定保险商品是否符合自己的需要加以判断。但保险消费者获取信息的渠道十分单一，因而也难以对保险人提供信息的真实性进行识别，也就容易在信息不充分的情形下作出非理性的购买决策。

① 刘宗荣：《保险法》，台湾三民书局股份有限公司 1995 年版，第 7~8 页。

② Shelly Chaiken, “Heuristic Versus Systematic Information Processing and the Use of Source Versus Message Cues in Persuasion”, *Journal of Personality and Social Psychology* 39, 1980, p. 752.

③ AR Pinto, “The Nature of the Capital Markerts Allows A Creater Role for the Governmen”, *Broklyn Law Review* 55, 1989, p. 2.

其次，投资型保险商品的专业性，使得保险消费者无法识别。保险业本身极具技术性，保险商品又以法律契约为依托，且各险种涉及社会生活之各方面，如医学、工程学等，故而在保险商品交易过程中，保险、法律、其他各学科的专业术语对保险消费者是一大难题。保险业的经营，以数理计算为基础，举凡保险费率、责任准备金、保单价值准备金、解约金、安定基金、保险价额、赔偿金额，均有赖精细的统计或鉴定，又保险以“保险事故”为要素，保险事故如何区分、保险事故与被保险人相关之程度、各种保险条款之设计，均须经深度的分析及推敲。① 诸多保险或非保险专业术语，使得保单条款极其晦涩难懂，不仅一般普通消费者无法确切了解，即使饱学之士，若非专研保险学者恐亦无法尽窥其貌。② 然而人们在面对不确定环境下的决策问题时，容易过于重视显著的、生动的、具体的信息，而忽视枯燥的、抽象的、不显著的信息。③ 保险契约中的有关专业术语的信息对于保险消费者而言，就是枯燥、抽象且容易被忽略的信息。基于交易成本的考量，保险消费者最有可能的就是忽略相关专业条款，仅在有限的信息范围内作出决策。

投资型保险商品的复杂性，极易导致保险消费者的认知局限，从而作出不利于自己的判断与决策。不像花生酱和电灯泡，保险产品尤其复杂。④ 从根本上来说，保险商品乃由复杂的契约条款及各项契约文件所构成，属“法律商品”之一种，其内容牵涉到契约双方当事人之间颇为复杂的权利义务关系，若非具有一定的知识以及花费相当的时间，不易了解其重要内容。⑤ 而保险消费者基于获取信息的不充分，以及对风险组成的复杂性不能进行正确的分析，将导致对保险商品风险的低估。在现实的判断和决策行为中，人们处理问题的方式并非是通过获得所有必要信息再进行理性判断，而是依赖一系列的判断捷径与启发式，然而这种以经验规则出发的直观推断极易导致严重的系统错误与偏差，并进而导致非理性

① 陈猷龙：《保险法论》，台湾瑞兴图书股份有限公司 2010 年版，第 12 页。

② 潘秀菊：《保险法入门》，台湾元照出版公司 2000 年版，第 216 页。

③ 赵政党：《个人理财客户的非理性理财行为》，社会科学文献出版社 2014 年版，第 80 页。

④ ［美］约翰·F. 道宾：《美国保险法》（中译本），梁鹏译，法律出版社 2008 年版，序言。

⑤ 叶启洲：《台湾保险消费者之信息权保护——以金融消费者保护法之说明义务规范为中心》，载《月旦法学杂志》2013 年第 3 期。

决策行为，以至于完全偏离了理性决策假设。① 首先，投资型保险商品的不确定性。相对于一般消费的有偿性或双务性，保险消费具有对价的不必要实现性。保险从法律结构上而言，是契约双方当事人约定，由投保人给付保险费，而保险人承诺在保险事故发生时或契约约定条款成就时，给付保险金的法律行为。但保险事故可能发生，亦可能未必发生，故而保险为射幸契约，其目的在于使保险人于特定不可预见之事故发生时，履行给付保险金的义务。换言之，保险消费者以保费为对价，换取保险人对风险保障的承诺，但倘若约定的保险事故并未发生，保险消费者也无法得到赔偿或给付。另外，投资型保险的部分保费与投资工具相连结，极大增加了这种不确定性，由于投资绩效处于不确定的状态，进而导致保险金总给付亦处于不确定的状态。其次，投资型保险商品的风险性。随保险业的发展，保险产品愈加多元化，不仅具有分散风险的保障功能，还被引入与其他金融产品相媲美的投资功能。投资型保险兼具保障性与投资性，克服了因通货膨胀与利差损所带来的弊端，但其也具有传统保险所没有的风险性与价值的不确定性，这种商品的特性就决定了它对投保人的资金能力、风险偏好度有相当的要求。因此，倘若保险消费者仍然以看待传统保险的眼光去看待投资型保险，没有理性认识投资型保险，则容易忽略投资型保险产品的投资性与风险性，从而作出不利于自己的判断，选择不适合自己的商品。

2. 保险消费者的决策偏差：保险人及其代理人的不当销售行为

保险人及其代理人（经纪人）② 的不当销售行为，实际上就是保险人及其代理人不当利用保险消费者对投资型保险商品的认知偏差，从而误导保险消费者形成决策偏差。保险代理人通常是与保险消费者直接进行沟通磋商之人，那些对保险知之不多的消费者，往往会在购买适合自身需求的保险方面存在困难；即使是精明的商业机构，让他们直接与那些销售多样化保险产品的保险公司个别订立合

① ［美］丹尼尔·卡尼曼、保罗·斯洛维奇、阿莫斯·特沃斯基：《不确定状况下的判断：启发式和偏差》，方文等译，中国人民大学出版社 2013 年版，第 18~19 页。

② 保险中介人包括保险代理人与保险经纪人，保险代理人与保险经纪人的功能与地位不相同，但在某些情形下，保险经纪人也可作为保险人的代理人，此时保险经纪人也适用保险代理人的相关理论。

同时，也会不胜其烦。① 保险代理人所充当的角色，正是评估保险消费者遭遇风险的可能性，并帮助消费者获得所需要的保险产品。保险商品交易的理想状态是，保险代理人通过专业的方式发扬保险人所推崇的理念、在恰当的场合推销适合投保人的产品，这样就可以同时满足保险人和（投保人）被保险人的要求。② 但保险代理人本身陷于两个拥有对立利益的当事人之间，而他们的利益目标与保险消费者、保险人也并非完全一致。在利己心的驱动下，容易借助不正当手段谋取自身利益。这种典型的机会主义行为，强调了经济主体追求自身利益的动机是强烈而复杂的，他会随机应变，投机取巧，尤其是有目的、有策略的利用信息，按个人目标对信息加以筛选和扭曲，如说谎、欺骗等。③ 按金融伦理的要求，保险代理人应该向客户真实地解释各种相关信息，而且解释的方式要易于理解，不能有任何误导性暗示。④ 但实际上，保险代理人不实陈述的例子屡见不鲜，如对保单的条款规定、收益或者将来的预期表现有不实陈述；过分夸大承诺和保证；客户的印象是保单分红或者现金价值预测（与那些在保单中明确保证的项目不同）得到保证；使用不准确、误导性的信息或数据，保险公司、经纪人或其他代理人的财务状况进行不实陈述；对保单保障范围、保费不真实或不能被保单明确支持的部分作出肯定或保证；做出最严重的不实陈述——蓄意欺诈。⑤

保险代理人的不当销售行为可以通过委托-代理理论进行分析，一般认为不当激励正是不当销售行为的主要诱因。委托-代理理论的基本假设是，委托人是信息的劣势方，而代理人则是信息的优势方。它所要解决的难题在于，委托人希冀代理人按照自己的利益采取行动，但是委托人无法直接观测到代理人选择了何种行动，只能观测到有限的信息，因此所获得的信息是不完全的；然而委托人则

① ［美］肯尼斯·S. 亚伯拉罕：《美国保险法理论与实务》，韩长印等译，中国政法大学出版社2011年版，第61页。

② ［美］迪尔伯恩金融服务公司：《保险从业人员的职业伦理》，王珺译，中国人民大学出版社2005年版，第32页。

③ 王艳玲：《保险中介委托-代理法律制度及其博弈分析》，大连海事大学出版社2008年版，第31页。

④ ［美］博特赖特：《金融伦理学》，静也译，北京大学出版社2002年版，第15页。

⑤ ［美］迪尔伯恩金融服务公司：《人寿保险代理人市场行为规范》，王珺译，中国人民大学出版社2005年版，第76~77页。

要根据这些有限的信息来奖惩代理人，以激励其选择对委托人最有利的行动。① 实际上，保险代理人、保险人与保险消费者之间存在着双重委托代理关系，而委托人与受托人间均存在着内在矛盾，一方面，在保险契约关系中，作为信息优势方的保险代理人与保险人，以及信息劣势方的保险消费者，两者之间存在利益冲突。而保险人通过提供激励合约，影响保险代理人的销售行为，并进而影响各方的行为决策及效用。② 保险人的主要目标是实现企业利润最大化，这主要是通过产品的高定价与高销量得以实现，由此决定了它采用的是以保费收入为中心的营利模式。在此一模式下，保险人通常选择优厚的首期佣金与业绩奖的激励方式，并通过保费将此一激励成本转嫁给保险消费者，而并不重视保单的售后服务。正如罗伯特·奥曼所言："一切悲剧都源于不当的激励。对于所有经济体，最根本的问题都出在激励机制上。"在高首期佣金与销售业绩奖的驱动下，保险代理人以"卖出保险"为其首要目标，为促成保单销售极容易采取不当销售行为。而对于保险人而言，激励合约中的佣金已经通过保费转嫁给保险消费者，在未改变销售成本的前提下，保险产品的销量越高，获得的利润越大，因此保险人缺乏改善激励合约的动力，很大程度上"默许"了保险代理人的不当销售行为。另一方面，保险代理人与保险人的利益也并非完全一致。尽管根据契约条款，保险代理人对保险人负有诚实、信用和忠诚的义务，并有责任披露与代理有关的任何重要事实信息，③ 但是保险代理人的行为并不总是符合保险人的利益。归根结底，保险人往往对公司的运营有长期的规划，因此不仅关注保费收入，更关注保单质量与公司信誉；而保险代理人往往是短视的，唯一目标就是获取佣金。在现行保险市场的激励合约下，保险代理人为了获取高首期佣金，会不惜以保险人的信誉为代价，从事不当销售行为，只为提高保单的数量而不顾保单的质量，给保险消费者推荐一些不适合其需求的保险商品，容易引发大规模退保风潮。而这都归根于保险人对保险代理人的不当激励。

---

① 张维迎：《博弈论与信息经济学》，格致出版社、上海人民出版社 2012 年版，第 239 页。

② 杨馥、庞楷：《不当激励、保险销售误导与监管治理》，载《经济经纬》2015 年第 5 期。

③ ［美］迪尔伯恩金融服务公司：《保险从业人员的职业伦理》，王珺译，中国人民大学出版社 2005 年版，第 11 页。

二、现行法治理投资型保险销售误导的不足

（一）销售误导的具体行为

保险销售误导是通过欺骗、隐瞒或者诱导等方式而从事的利己行为，该行为使投保人对保险产品产生误解，致使投保人的需求与保险产品的供给造成“错配”，严重损害了保险消费者的合法权益，属于典型的“损人利己”之行为。根据我国（银）保监会的相关规定，销售误导行为可分为欺骗行为、隐瞒行为与诱导行为。而这些行为在投资型保险的销售过程中尤为严重。

1. 欺骗与隐瞒行为

（银）保监会于2012年通过的《人身保险销售误导行为认定指引》（以下简称《销售误导认定指引》），不仅定义了保险销售误导行为，亦对保险销售中的欺骗行为与隐瞒行为进行了细化规定。概言之，保险业者的欺骗行为是对影响保险交易的重要事项进行虚假陈述，包括有关保险产品的情况、与保险产品相关的政策与法律法规，以及保险公司的资产与营业状况等；而隐瞒行为是指不予告知与保险契约有关的重要情况，包括免责条款、保险期间、保费的扣除与使用、收益的不确定以及可能产生的损失等。① 两者均可概括为对有关保险契约的重要情况作引人误解的宣传或说明的行为，亦即造成保险消费者陷入错误认识的后果。事实上，此两种行为的认定从反面证成了说明义务的要求：一是应当对有关保险契约的重要事实进行说明，此时不得沉默或者隐瞒；二是说明应当真实、准确与充分，即不得进行虚假陈述或欺骗。因此，保险人在保险销售过程中的欺骗与隐瞒行为，实已为保险法上说明义务所规范。

2. 诱导行为

比较来看，《销售误导认定指引》对于诱导行为的规定不甚清晰，且有不合理之处。具体而言，首先，并未对“诱导”进行界定，亦未明确列举具体的诱导行为。从相关法条观察，似是将诱导行为认定为欺骗与隐瞒行为之外的其他销售误导行为。然而，欺骗行为与隐瞒行为之相关法条均有兜底条款，实并无此必要。其次，对于诱导行为的认定不清。该法有关诱导的规定涉及三项：一是诱导

① 保监会：《人身保险销售误导行为认定指引》第6条、第7条，2012年9月29日。

投保人不履行如实告知义务；二是诱导投保人为购买新保险产品而终止已有保险契约；三是诱导投保人不回答或拒绝回答回访中的问题。① 但是如该法对于销售误导的定义，销售误导应当发生于保险销售过程中，而且是“引人误解的宣传或说明行为”（不当说明），然而以上所列举的三项显然并不属于此。我们认为，问题的症结即在于诱导行为属于销售误导，但并非是不当说明行为。进言之，不当说明包括欺骗与隐瞒，前者属作为，后者属不作为，② 从分类上来看已然穷尽，是一个独立完整的逻辑结构。而从诱导行为的本质来看，其应当属于不当推荐，即日本法上的不当劝诱，包括为保险产品的不确定利益承诺保障利益，以及对未来不确定的收益做肯定性判断等，此时已超出保险法上说明义务规范的范围。就此对保险销售误导的定义进行完善，其应当是保险业者在保险销售过程中，通过欺骗、隐瞒或者诱导的方式，对与保险交易相关的信息进行不当说明的行为，或者对保险产品进行不当推荐的行为。《保险法》上的保险监管法部分对于销售误导的规范是十分粗糙的，仅是禁止了欺骗行为与隐瞒行为，③ 故而（银）保监会针对保险销售误导出台了一系列的政策法规，但大多因不具有可操作性或欠缺相应的法律责任条款而沦为宣示性规范。纵然有部分政策法规针对个别险种或者销售过程中的某一环节进行具体规范，在一定程度上弥补了《保险法》的不足，但是从销售误导的整体效果来看，其实并不理想，保险消费者的投诉仍居高不下，保险消费者的权益仍并未得到妥善保护。而造成此结果的原因在于：一是我国监管法采用的规制方式不甚恰当；二是监管法本身无法为投保人提供私法上的请求权，使其无法得以请求赔偿因此造成的损失。

（二）采用的规制方式不甚恰当

我国监管法对于销售误导的规制主要是通过明确列举销售误导行为，并对所列举的行为予以禁止，再对违反禁止行为进行处罚，可概括为“列举+禁止+处罚”的规制方式。首先，此种规制方式要求对保险销售误导行为有准确的界定，列举的行为应当具有代表性与典型性。然而，一方面，如前所述，《销售误导认

① 保监会：《人身保险销售误导行为认定指引》第 8 条、第 9 条，2012 年 9 月 29 日。

② 参见石一峰：《沉默在民商事交往中的意义——私人自治的多层次平衡》，载《法学家》2017 年第 6 期。

③ 参见《中华人民共和国保险法》第 116 条、第 131 条，2015 年 4 月 24 日。

定指引》对于诱导行为并无明确界定，其所涉及的相关具体行为亦存在问题，因此对于如实说明但不当推荐的行为，存在立法上的空白。另一方面，随着社会生活的发展变化，保险产品不断地推陈出新，销售误导行为的方式也会愈加多元化，是以仅通过列举禁止行为的方式恐怕难以穷尽。其次，“禁止+处罚”是一种消极的规制方式，无益于为保险业者如何行为提供正确的指引。据《保险法》的相关规定，保险监管机构对于销售误导的监管主要采取现场检查的方式，而针对经过审理确认的销售误导行为，可以采取罚款、吊销业务许可证等方式，且从实务中保监会的行政处罚来看，多采用罚款的方式。然而现场检查的本身具有一定的偶然性，监管机构无法对每起保险交易进行检查，如此一来，难免有不少保险业者存侥幸心理。另外，仅采用消极禁止的方式，恐不足以达到监管效果，所以还应当细化保险销售的各环节，明确销售行为的正确操作方式，引导保险业者进行合法合规的销售行为。

（三）无法为投保人提供私法上的请求权

监管法的规制方式尚可以进行调整与完善，而无法为投保人提供私法上的请求权则是其天然不可避免的缺憾。一方面，监管法的要求被视为保险人的公法义务而非保险契约当事人间的私法义务。而作为保险契约相对人的投保人往往无法直接依（银）保监会的规范作为请求权基础，故在一定程度上忽略了投保人的诉求。另一方面，监管法通常并未规范保险人的私法责任，对于保险人的制约不足。因此，即使保险人未履行该项规定，亦并不必然导致其承担不利益的后果。如司法实践中，尽管《人身保险新型产品信息披露管理办法》规定，投保人应当抄录相关语句并签名，表明投保人对投资型保险的风险已然认知，但是法院通常认为，对于“保监会要求抄录相关语句并签名的规定，是保监会的内部规定，该项瑕疵并不必然导致整个保险合同的失效”。① 事实上，尽管保监会对销售误导行为进行了处罚，在某种程度上遏制了这种行为的再次发生，维护了保险市场的有序运行，但对于遭受销售误导的投保人而言是致命的，它耗费了时间与金钱成本，然而却一无所获，也无法据此获得相应的赔偿。然而，这方面之不足，可通过保险契约法予以补足，如说明义务规范的完善。

① 参见连云港市海州区人民法院一审民事判决书（［2015］海商初字第00750号）。

三、规则完善之一：适合性规则

如前所述，在未来立法安排上，保险契约法应当引入适合性义务，而适合性义务的具体操作规则应当由保险监管法予以安排，以形成公法与私法的配合，完善销售误导的规制方式。我国目前已有部分规则初显适合性规则的“雏形”，但仍然存在诸多不成熟与不完善之处。而从域外法上来看，适合性规则事实上是一组“规则群”，应该包括了解客户规则、适合性评估规则与记录规则。以下通过我国与域外法上相关规则的对比，提出相应的建议。

（一）了解客户规则

为了推荐适合的投资型保险产品，保险人应当了解投保人的相关信息。首先，就了解的具体信息而言，主要考量投保人需求与风险承受能力。我国《保险从业人员行为准则》中规定，保险销售人员应根据投保人需求、经济承受能力推荐适合的保险产品。① 但是没有进一步规定应该了解何种信息。而从域外法上来看，据美国 FINRA 2090 之规定，会员及其相关人员应尽合理的努力了解（并保留）有关客户，或者得到客户授权并以客户名义行事之人的“重要事实”（essential facts）。② 而 FINRA 2111 则进一步规定，会员及其相关人员必须有合理的基础相信其所推荐的商品或服务适合于客户，这建立在获得客户及相关人员投资策略的信息之上。这些信息包括但不限于客户的年龄、其他投资情况、财务状况与需求、税务状况、投资目标、投资经验、投资期间、流动性要求、风险承受能力，以及客户自行披露的就此投资建议相关的其他信息。③ 我国台湾地区则要求，保险业在提供金融消费者订立保险契约或相关服务前，应充分了解金融消费者，其内容至少应包括金融消费者基本资料、应订定金融消费者投保的条件、应了解金融消费者之投保目的及需求程度，并进行相关核保程序。④ 而英国 FSA 颁

① 中国保监会：《保险从业人员行为准则》（保监发［2009］24 号）第 13 条，2009 年 2 月 28 日。

② FINRA：*Rule 2090*：*Know Your Customer*，2012 年 7 月 9 日。

③ FINRA：*Rule 2111*：*Suitability*，2014 年 5 月 1 日。

④ 我国台湾地区“金融服务业确保金融商品或服务适合金融消费者办法”第 9 条，2017 年 1 月 23 日。

布的COBS要求金融业者应取得客户的相关信息，并进一步规定“客户的知识与经验”包括客户对产品或交易的本质、复杂性与风险的认识程度，对特定商品或交易的熟悉程度，对特定商品的交易量与频率，以及客户的教育程度及专业等。

其次，我国应当进一步规定“无法获得信息时的处理”规则。一般认为，了解客户信息是适合性判断的前提，因此倘若没有必要的信息，金融业者应当拒绝进行适合性的判断，亦即不得进行推荐金融商品或者服务，SEC即采此种态度。欧盟MiFID亦认为如果客户选择不提供相关信息，或者其所提供的关于其投资知识和经验的信息不充分时，则金融业者应当对客户尽一“警示义务”（warning），警示客户在此种情形下金融业者难以判断其所提供的金融产品或服务是否适合。① 英国COBS的态度则更加坚定，金融业者应当相信客户所提供的相关信息，除非明知该信息过时、不准确或不完整，② 而倘若金融业者无法获取必要的信息去判断适合性，则禁止对客户进行推荐或进行交易。③ 但是FINRA的态度有所不同，其认为此时金融业者仍应当做适合性的判断。当客户拒绝提供信息时，金融业者应当尽合理努力去获取并分析能够获得的信息，而不能去做未获取的信息进行假设；而当客户所提供的信息不可用时，金融业者应就已掌握的其他信息进行适合性的判断。④ 课题组以为，综合考量投资型保险的特性，以及投保人购买投资型保险之意愿，当信息不充分时，应当尽一“警示义务”，倘若投保人仍坚持购买，则由投保人自负其责。

（二）适合性评估规则

了解客户的相关信息之后，应当对金融商品是否适合于客户进行分析与判断。适合性的评估，是指将金融业者了解到客户信息与特定商品或服务的信息进行匹配，一旦“配型”成功，则特定产品对特定客户而言就是适合的，反之则构

---

① EU：*Directive 2004/39/EC on Makets in Financial Instruments*，Article 19-5，2004年4月21日。

② FSA：*Conduct of Business Sourcebook Instrument*. 9.2.5，2007年11月1日。

③ FSA：*Conduct of Business Sourcebook Instrument*，9.2.6，2007年11月1日。

④ FINRA：*Notice 12-25*：*Suitability*，2012年7月19日。

成不适合。① 日本法要求适合性的评估应当参照客户的知识、经验、财产状况及签订金融商品交易合同的目的，以避免不适合的推荐。② 我国针对投资连结保险与变额年金保险建立了风险测评制度，要求保险销售业者应当对客户的财务状况、投保经验与目的，以及风险认知能力与风险承受能力进行详细分析，以评估客户是否适合购买所推荐的保险产品。③ 而欧盟则根据不同的金融服务类型将适合性评估分为两种，一种为适合性评估（assessment of suitability），要求提供投资顾问与资产管理服务的金融业者应当评估推荐产品是否符合客户的知识与经验、财产状况与投资目标；另一种为妥当性评估（assessment of appropriateness），要求提供非投资顾问或资产管理服务的金融业者须评估推荐产品是否符合客户的投资知识与经验。④ 尤其强调适合性评估中，应满足特定的标准，主要考量是否符合客户的投资需求，以及客户是否能够理解并承担相应的投资风险。⑤ 而当根据妥当性评估认为该产品或服务对该客户不适合时，此时应尽一“警告义务”，⑥ 将这一情况告知该客户。但倘若此时客户仍坚持购买此种不适合的产品或服务，当如何呢？据我国相关法律规定，此时可以向客户提供金融产品或服务，但是应当就此进行特别的书面风险警示，亦须尽一“警告义务”。⑦ 或者列明客户的意

---

① 王锐：《论金融业者的适当性义务——基于行为要件的分析》，载《北方法学》2014年第4期。

② 参见中国证监会：《日本金融商品交易法及金融商品销售等相关法律》，法律出版社2015年版，第325~1263页。

③ 中国保监会：《中国保险监督管理委员会关于进一步加强投资连结保险销售管理的通知》（保监发［2009］10号），第6条，2009年1月23日；中国保监会：《中国保险监督管理委员会关于开展变额年金保险试点的通知》（保监寿险［2011］624号），第9条，2011年5月5日。

④ EU：*Directive 2004/39/EC on Makets in Financial Instruments*, Article 19-4&19-5, 2004-04-21.

⑤ EU：*Directive 2006/73/EC as regards Organisational Requirements and Operating Conditions for Investment Firms and Defined Terms for the Purposes of that EU. Directive*, Article 35-1, 2006-10-08.

⑥ EU：*Directive 2004/39/EC on Makets in Financial Instruments*, Article 19-5, 2004-04-21.

⑦ 参见《中华人民共和国证券期货投资者适当性管理办法》第19条，2017年7月1日。

愿、销售业者的相关意见以及其他必要事项，由交易双方签字认可。① 事实上，除投资连结保险与变额年金保险外，其他具有投资功能属性之保险产品亦具有一定的风险性，并非任何投保人都适宜购买，因此还应当构建其他投资型保险的适合性评估规则。

（三）记录规则

记录本身具有证据效力，因此记录义务是适合性的程序保障。而从记录规则的目的来看，一方面是监管者对金融业者行为监督的需要；另一方面则是出于对金融消费者保护的需要。因为金融商品具有抽象性与复杂性，是以往往要求金融业者将其进行的推荐以及理由记录下来，并提供给客户相关的书面报告，以便客户能够进一步熟知及了解所推荐的金融商品或服务，能够自行判断是否适合自身的需求。欧盟 IMD 规定在保险合同订立之前，应当将建议及其理由以书面或其他耐久的方式、以官方语言或是对方同意的语言提供给投保人，其内容必须要清楚且精确，以使客户能够理解。但在投保人同意或其他必要的情形下，可以口头方式提供信息，保险合同订立后仍应以书面方式提供。但欧盟最新的 IDD 否认了提供信息的口头方式，认为在书面形式之外，只有通过其他耐久媒介或者网页的形式才是提供信息的有效方式，而且投保人可以要求书面的备份。② 英国 COBS 规定金融业者应当向客户提供书面的适当性报告，此书面报告的内容至少要具体说明客户的需求，并且解释为何适合该客户，同时也要说明任何可能对客户造成不利益的情况，且此内容的详细度则是要依据交易的复杂度来决定。课题组以为，记录并提供书面报告的规则对于投资型保险而言具有特殊重要的意义，因为投资型保险的销售实践中，投保人很容易只关注收益而忽视风险，而保险人通常针对普遍大众的披露义务不足以使投保人明确购买投资型保险所导致的不利益，但有针对性的记录与提供报告规则可能使投保人明晰投资型保险的性质。

---

① 中国保监会：《中国保险监督管理委员会关于进一步加强投资连结保险销售管理的通知》（保监发［2009］10号）第6条，2009年1月23日。

② FSA：*Conduct of Business Sourcebook Instrument*，Article 9. 4. 7&9. 4. 8，2007-11-01.

四、规则完善之二：保险中介规则

（一）保险代理人的法律责任：以银保销售误导为典型

1. 保险代理人的法律地位

根据《保险法》第117条的规定，保险代理人是根据保险人的委托，向保险人收取佣金，并在保险人授权的范围内代为办理保险业务的机构或者个人。而对于代理制度，我国与大陆法系均采区分说——将代理关系独立于基础关系，① 基础关系是代理人与本人的法律关系，而代理关系则涉及第三人。“保险代理人是根据保险人的委托”，故两者的基础关系是委托契约关系，保险代理人的代理权也是基于委托契约而产生。因此，保险人与保险代理人的关系，可以分为内部关系与外部关系。内部关系旨在确定保险人与保险代理人间的权利义务关系，即委托契约关系。外部关系旨在确定保险代理人是否具有代理权，代理权是保险代理人代表保险人与投保人缔结契约的权力，也是保险人与保险代理人同投保人之间的外部关系的法律依据。保险代理人的任务，即代理经营保险业务，包括对外招揽业务，与他人订立保险契约，以及代收保险费或代核赔款等业务，而具体范围则由代理契约或授权书限定。② 对于保险代理人，一般准用民事代理的相关规定，代理人在代理权限范围内，以被代理人的名义独立与第三人为民事法律行为，由此产生的法律效果直接归属于被代理人。③（如图5-1）

在此基础上，保险人对投保人的义务，在多数情况下是由保险代理人代为履行，其依据正是在于委托契约。正所谓“受人之托，忠人之事”。一方面，依据《合同法》第399条之规定，受托人应当按照委托人的指示处理委托事务。受托人所处理的事务毕竟是委托人自己的事务，所以，受托人应当按照委托人的指示处理委托事务。尽管受托人事先已经得到委托人的授权，但在具体从事委托事务的过程中，仍然必须要按照委托人的指示行为。亦言之，依据指示的行为是依据授权而行为的具体化。而所谓的“指示”是指委托人就某项事务的处理方法、结

① 汪渊智：《比较法视野下的代理法律制度》，法律出版社2012年版，第37页。

② 郑玉波：《保险法论》，台湾三民书局2012年版，第17页。

③ 马俊驹、余延满：《民法原论》，法律出版社2016年版，第221页。

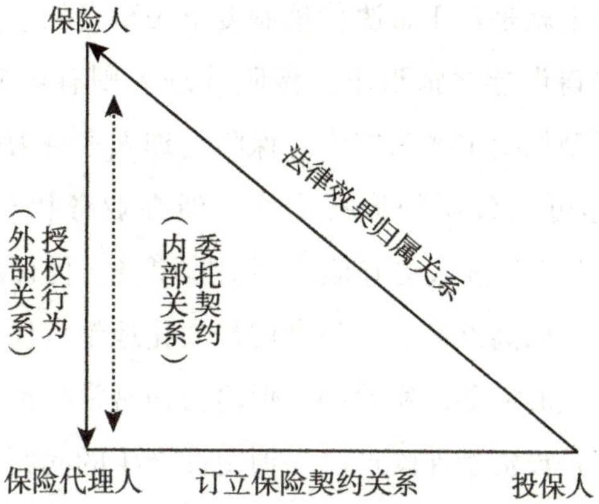

图 5-1 保险代理制度法律关系示意图

果等提出的具体要求。① 保险人对投保人的义务，通过委托契约的方式转移给保险代理人，保险代理人应根据保险人的“指示”履行。另一方面，委托关系建立在委托人对受托人的信任和信赖之上，包括对受托人的品德、知识、经验与能力等方面的信任。② 而且通常在有偿委托关系的情形下，受托人应当对委托人就委托事务尽善良管理人的注意义务。保险人授权保险代理人处理事务，体现了保险人对保险代理人的高度信任，为保护此种信任关系，保险代理人在处理保险事务中应当尽职尽责地代保险人履行相关义务，以免保险人受违反此义务的不利后果。

2. 银保销售误导中保险代理人的法律责任

基于保险代理人的法律地位，其通常不承担独立的法律责任。“利之所在，损之所归”，故保险人对于保险代理人所为对第三人的侵权行为应当负责。③ 根据《保险法》第 127 条的规定，保险代理人根据保险人的授权代为办理保险业务的行为，由保险人承担责任。换言之，保险代理人本身并不直接承担对投保人的民事法律责任。而且依契约相对性的原则，亦无法根据保险代理人与保险人双方之间的契约，使得保险代理人对作为第三人的投保人承担独立的法律义务。正因

① 王利明：《合同法研究》（第 3 卷），中国人民大学出版社 2015 年版，第 708 页。
② 王利明：《合同法研究》（第 3 卷），中国人民大学出版社 2015 年版，第 706 页。
③ 江朝国：《保险法基础理论》，中国政法大学出版社 2002 年版，第 148 页。

如此，英国与德国将欧盟的指令具化为国内法时，亦将保险人作为适合性义务的履行主体，很大程度上就是在于解决代理制度下民事责任承担的问题。

然而，在银保销售误导之情形下，保险代理人则有可能承担相关的法律责任，这种情形在投资型保险中尤为突出。保险代理人本身为一独立的营业体，可以个人方式经营，亦可以公司的形态为之，但在业务执行上具有相当的独立性。① 如此本可方便保险代理人更好地从事保险事务，但保险代理人亦容易违背保险人的本意，为了获取高额佣金，只考虑最大化地销售保险产品，而未顾及保险产品是否符合投保人的需要。实践中，保险公司常常与银行进行合作，由银行代销保险产品，特别是投资型保险产品，但由此产生的问题亦是层出不穷，最为典型的是"存款变保险""存单变保单"。尽管银保监会一再对银行代理保险业务销售行为予以规范，但银保销售误导仍然屡禁不止，② 除了现行监管体制不完善的原因外，更为重要的原因在于银行只是作为保险代理人，因违反销售保险产品的相关义务而产生的民事法律责任，并不需要由银行承担，而是由保险人承担。

但事实上，银行并非是专门从事保险代理业务的保险专业代理机构，而是属于兼营保险代理业务的保险兼业代理机构，因此银行具有双重身份，既经营银行自己的业务，也作为保险代理人销售保险产品。银行的金融产品虽然收益相对较少，但有着低风险甚至零风险的优势，尤其是储蓄产品；而通过银行销售的保险产品，往往是投资型保险产品，风险相对较高，与储蓄产品有着本质的区别。客户出于对银行的信任，本欲存款或购买银行的金融产品，但银行销售人员却向客户销售保险产品，致使"存款变保险"，而一旦发生纠纷，银行则告知客户应当与保险公司协商处理。如此不仅不利于客户利益的保护，对保险公司的声誉也会造成不良影响，有违保险公司通过银行扩大销售保险产品的初衷，亦引发我们对保险代理制度下责任承担的反思：银行不需要对客户承担任何责任吗？事实上，银行在销售金融产品过程中，往往并未披露自己是保险公司的代理人，而客户是

---

① 叶启洲：《保险法实例研习》，台湾元照出版有限公司 2011 年版，第 98 页。

② 参见李英锋：《存款变保单，偷梁换柱属消费欺诈》，载《人民法院报》2015 年 4 月 23 日，第 02 版；陈博：《遭遇"被保险"十万存款变保单》，载《四川法制报》2015 年 3 月 12 日，第 A05 版；欧阳海杰：《存款变保单，5 万元 5 年损失 1.5 万元》，载《西部商报》2015 年 5 月 5 日，第 A07 版。

基于对银行的信任而向其购买金融产品，并不知道自己所购买的其实是保险产品，因此并不符合代理制度要求的“代理人以被代理人的名义实施法律行为”的构成要件，① 故尽管在形式上保险契约双方当事人为保险人与投保人，但事实上实为“受托人以自己的名义与第三人订立合同”，② 即银行以自己的名义与客户进行磋商，并进而订立契约，而惟有在发生纠纷时，银行才披露自己是作为保险公司的代理人，此种情形应当属于“间接代理”。我国《合同法》规定间接代理制度下第三人享有“有条件的选择权”，即“在违约的情形下”，第三人可以选择本人或代理人作为契约的相对人。然银保销售误导往往发生在契约磋商阶段，此时当事人并未进入契约关系，银行的行为通常被认为构成缔约过失。然契约磋商阶段是为订立契约而准备，两者具有时间上的承接性与法律关系上的相似性，且基于该条保护第三人利益的立法目的，故课题组以为，根据目的解释与类推适用，即“系以法律规范目的，阐释法律之疑义”并就“法律未规定之事项，此附援引与其性质相类似之规定，以为适用”。③ 认为“在缔约过失的情形下”，第三人仍享有相对人的选择权。因此，在银保销售误导的情形下，倘若客户并不知道自己所购买的是保险产品，也并不清楚银行是保险代理人，在发生纠纷时，客户应享有选择权，可以选择银行或者保险公司作为相对人。倘若投保人选择银行作为契约相对人，则银行应承担相应的法律责任，此属于保护第三人信赖的外部关系。而至于银行与保险公司间责任的分配问题，则应依据两者间的委托契约予以解决，此属于两者的内部关系。在此基础之上，课题组认为，《保险法》第127 条不应当绝对地排除保险代理人的法律责任，而应当在规定在特殊情形下保险代理人有承担独立法律责任之可能。

（二）保险经纪人的法律义务：兼与保险人义务的关联

1. 保险经纪人的法律地位

保险经纪人与保险代理人的法律功能均在于辅助保险契约当事人能够更为顺利、更加有效率地缔结保险契约，以推动保险机制的运行。然而，两者在法律地

① 参见《中华人民共和国民法总则》第 162 条，2017 年 3 月 15 日。
② 参见《中华人民共和国合同法》第 403 条、第 421 条，1999 年 10 月 1 日。
③ 杨仁寿：《法学方法论》，中国政法大学出版社 2013 年版，第 172~194 页。

位上有所区别，保险代理人应当是保险人的代理人，此并无疑义。但保险经纪人的法律地位则有待于进一步厘清。根据《保险法》第118条的规定，保险经纪人是基于投保人的利益，为投保人与保险人订立保险合同提供中介服务，并依法收取佣金的机构。从文义解释上，“基于投保人的利益”，似表明应当是投保人的代理人，“提供中介服务”似表明应当是居间人，但“依法收取佣金”则并未说明是向何人收取佣金；加之实务中保险经纪人常常有代保险人收取保费的行为，似又作为保险人的代理人，还有认为应当是双方代理人，由此引发对保险经纪人法律地位的争议。

从比较法上观察，在英、美等国，保险经纪人对于保险业务的发展，极为重要。例如，依英国的商业习惯，海上保险契约的订立大多经由保险经纪人之手，由其代投保人申请保险，且由其代保险人收取保险费、传送保险单，并代为处理嗣发生的赔偿问题。而关于保险费的给付，除契约另有规定外，由保险经纪人对保险人负责，保险人不得径向要保人请求保险费的给付。① 而在英美惯例上，对于保险经纪人的法律地位，则往往以其行为的实质来认定其效果。一般而言，保险经纪人在接受洽保的初期，或接受投保人委托而从事保险事务时，应当认定为投保人的受托人。反之，在保险契约缔结后，保险经纪人将保险契约交付于投保人，并代收保险费，其行为与保险人自己行为相同，故应当认定为保险人的代理人。② 因此，在具体案件中，法官通常都要综合考虑各种因素，以判断保险经纪人的法律地位。③ 决定保险经纪人在特定时间系何者的代理人，美国的伊利诺伊法院依下列情形来确定：一是谁首先使代理人（经纪人）活动，二是谁可以控制经纪人的行为，三是谁对代理人支付，四是经纪人应保护谁的利益？④

我们以为，对于保险经纪人法律地位的认定，不应笼统地一概而论，可以借鉴英美法的经验，采用个案认定的方式。因此，保险经纪人的法律地位根据其从事的具体业务有所不同，在交易过程的不同阶段有所不同。具体而言，其一，保

① 陈云中：《保险法要论》，东方出版社1971年版，第68页。

② 施文森：《保险法总论》，台湾三民书局1985年版，第4~6页。

③ 鲁忠江：《论商事实践张力与法律文本抑制间的博弈——以保险经纪人双方代理法律地位为视角》，载《保险研究》2010年第1期。

④ ［英］克拉克：《保险合同法》，何美欢，吴志攀译，北京大学出版社2002年版，第187~188页。

险契约缔结之前，此时其应当是投保人的受托人。但在例外情形下，若保险经纪人为保险人招揽客户，则应认定为保险人的代理人。这符合保险经纪人法律制度设计的初衷，平衡投保人与保险人间缔约能力的落差。这里强调是受托人而非代理人，注重保险经纪人与投保人的内部法律关系，即委托契约关系。在保险经纪人与保险代理人的角色重叠与交叉的情形下，我国（银）保监会制定了《保险经纪机构监管规定》与《保险专业代理机构监管规定》通过明确两者的具体业务将两者予以区分。从保险交易过程来看，保险经纪人与投保人的接洽初期，所提供的业务咨询、理财规划、搜寻保险产品等服务，此时往往并未涉及具体的保险人，故两者的关系仅局限于内部。

其二，保险契约缔结过程中，保险经纪人原则上应当是居间人，但亦有可能是投保人的代理人。从理论上而言，保险经纪人应当是投保人的居间人，为其搜寻适合的保险公司与保险产品，提供订约机会，并积极促成保险交易的达成，保险经纪人与投保人间构成居间合同关系，而保险人则为第三人。通常情形下，居间人与第三人不存在契约关系。然而实践中，保险经纪人亦为保险人寻找适合的客户，以扩大保险产品的销量。此时，从保险经纪人的角度来看，一方的委托成为另一方的相对人，而作为相对人的一方，又成为另一方的委托人。委托人与相对人的地位是相对的。而保险经纪人完成一个居间事务，则受托于双方，构成双方居间行为。与双方代理有所不同，居间人并未有独立的意思表示，其并不代表任何一方的利益，仅通过提供缔约信息使委托目的得以实现。对于这两个居间法律关系，分别适用各自居间契约中居间人与委托人权利义务的规定。保险经纪人作为双方居间人，因此保险经纪人为投保人的利益是基于保险经纪人与投保人的居间契约关系，佣金的收取往往来自保险人则是基于保险经纪人与保险人的居间契约关系，而为投保人与保险人提供中介服务正是保险经纪人居间行为的本质。然而，倘若投保人授权保险经纪人代为办理投保手续，此时应认定其为投保人的代理人，其行为的法律后果由投保人承担。

其三，保险契约缔结之后，保险经纪人是否作为保险契约当事人的代理人则视有否授权而定。首先，保险经纪人可作为投保人的代理人。保险契约订立后，投保人仍有向保险经纪人咨询的需求，如关于契约内容的调整，以及向保险人理赔等方面，此时两者仍属于委托契约关系。而倘若投保人授权保险经纪人代为向保险人进行索赔，此时涉及委托契约外的第三人，则保险经纪人当属于投保人的代理人。其次，保险经纪人亦有可能作为保险人的代理人。这本不符合保险立法的初衷，我国《保险经纪机构监管规定》对于保险经纪人业务的列举，也并未包括为保险人从事相关事务，但有一兜底条款，即“中国保监会批准的其他业务”。然而在特殊情形下，如此有利于对投保人利益的保护，典型如代收保险费。从域外法上来看，1980年澳州法律改革委员会的报告曾指出，于普遍法下，原则上，保险人对于保险经纪人所从事之行为并不负责，但有两种例外情形，一是保险人与保险经纪人间有契约存在之时；二是保险经纪人代保险人收取保险费时。① 因此，倘若保险经纪人被授权代收保险费或从事其他保险事务，而且投保人将保险费交付于保险经纪人时，即发生保险费已交付的效力，② 如此则避免因保险经纪人的原因造成被保险人未能获取保险保障。

2. 保险经纪人法律义务的独立性：以适合性义务为中心

根据以上分析可知，保险经纪人在投保人与保险人之契约关系中，可能会因为从事不同的业务而使它的法律地位有所不同，而在多数情况下保险经纪人并非保险人之代理人，而是为投保人之利益行事。实践中，保险经纪人与投保人之间往往还存在保险经纪契约，故而保险经纪人应尽善良管理人的注意义务，造成投保人或被保险人损失的，应承担损害赔偿责任。

对于保险市场而言，最为重要的是保险契约的缔结，而保险经纪人与投保人之间的保险经纪契约事实上只是为订立保险契约作准备，是其前置阶段。但这一阶段有着十足的重要性，它决定了投保人究竟向谁购买保险产品以及购买何种保险产品。保险商品并无实际形态，故投保人于购买时无法熟知其实际内容，且对保险运作并不熟悉，难以了解购买的保险是否适合自身所需。基于对保险契约双方信息不对称的矫正，除须由保险人尽相关义务外，若经由保险经纪人介入交易时，保险经纪人为协助投保人购买适合的保险商品，应以专业的角度对投保人的适合性进行调查，借以避免投保人购买不符合所需的保险商品，始可谓提供完整

① Australian Law Reform Commission: *Insurance Agents and Brokers*, Report No. 16, 1980.

② 参见江朝国：《保险法基础理论》，中国政法大学出版社2002年版，第152页；林群弼：《保险法论》，台湾三民书局2006年版，第103页；刘宗荣：《保险法》，台湾三民书局1995年版，第68页。

服务。① 因此，保险经纪人应当根据投保人的财务状况或风险状况，寻找最适合的保险商品（最适保单）填补之，并且针对每一替代保险商品的性质、保障范围、保险契约基本或特约条款给予详细解说。② 此最适保单的要求，则引申出适合性义务。有如《德国保险契约法》第六十条之规定，保险经纪人应当充分掌握保险市场中可供选择的保险契约类型以及保险公司的相关情况，并基于专业观点为投保人提供参考建议以使其能够选择最符合自己要求的保险产品。③ 并规定，当投保人通过保险经纪人订立保险契约，则保险人可豁免适合性义务的履行。

有基于此，我国未来在引入适合性义务时，不仅应当在保险契约法部分引入保险人的适合性义务，还应当在保险监管法部分引入保险经纪人的适合性义务，并协调两者的关系。而在具体的监管规范中，基于我国银监会与保监会已经合并成立银保监会，对银保销售误导行为能够更好地进行监管。

第二节　保险资金运用的约束

一、投资型保险的分离账户及其资金运用

（一）投资型保险的分离账户

我国的投资型保险相较于其他国家与地区而言，其范围更加广泛，既包括人身保险（投连险、万能险、分红险），也包括财产保险（非预定保险、预定保险）；并且既包括设分离账户的投资型保险（投连险、万能险、非预定保险），也包括未设分离账户的保险（分红险、预定保险）。在未设分离账户的情形下，投保人的保费仅仅是功能上的界分，在资金管理上保障部分与投资部分并未区隔，仍然由保险人统一管理，而被保险人或受益人所获得的“投资收益”主要是保险公司的可分配盈利，取决于保险公司的经营能力，往往有最低利率的保证。

① 罗俊玮、盧又顺：《论保险经纪人之资讯建议暨费用、佣金揭示义务》，载《法令月刊》2013 年第 64 期。

② 柯钧耀：《保险经纪人之法律地位及相关问题之研究》，中原大学 2013 年硕士学位论文。

③ 孙宏涛：《德国保险合同法》，中国法制出版社 2012 年版，第 75 页。

然而在设置分离账户的情形下，如投资连结险的投资账户、万能保险的万能账户，以及非预定收益型财产保险的个人账户，分离账户的资金则通常进行单独进行管理，以便于与投资工具相结合，此时被保险人或受益人的“投资收益”则来源于投资工具的收益，如股票、基金等，除万能保险外，往往没有最低利率的保证，而投资绩效的变动与保险公司的经营并无直接关联。(如表5-1)

表5-1　**投资型保险的分类**

	设分离账户		未设分离账户
人身保险	投资连结保险 (投资账户)	万能保险 (万能账户)	分红保险
财产保险	非预定收益型财产保险 (个人账户)		预定收益型财产保险

尽管以上保险产品都具有一定的投资属性，但是分离账户的设置，从根本上消除了保险人对投保人固定给付的承诺，并由投保人自担该部分的风险，而其设置的初衷其实就在于希望脱离传统保险资金运用的限制，因而在很大程度上突破了传统保险的基本原理，应属投资型保险资金运用监管的重点领域。

(二) 分离账户资金运用的特别规则

保险公司的资金运用是指保险公司在保险经营过程中，将其积累的部分保险资金用于投资，从而使保险资金增值的活动。① 保险投资是保险公司的主要业务之一，但是由于保险资金来自投保人交纳的保险费，具有负债经营的特点，所以，保险公司运用保险资金进行投资经营的效果与保险公司的偿付能力和竞争力密切相关，进而关系到被保险人的合法利益，因此，各国保险业法均对保险公司的资金运用实施专门的监督管理，而且，将资金运用的安全性列为首要原则，高于流动性和营利性。我国《保险法》同样强调保险业资金运用的安全性，即“保险公司的资金运用必须稳健，遵循安全性原则”。② 据此原则，我国《保险

① 贾林青：《保险法》，中国人民大学出版社2014年版，第359页。

② 参见《中华人民共和国保险法》第106条第1款，2015年4月24日。

法》虽然进一步扩大了保险资金运用的范围，但是仍然作出明确的范围限制，即限于银行存款、买卖债券、股票、证券投资基金、投资不动产以及国务院规定的其他资金运用形式。① 同时，经过银保监会与证监会的批准，保险公司可以设立保险资产管理公司，并应当在从事证券投资活动时，遵守《证券法》等法律、行政法规的相关规定。

投资型保险的资金运用规则在此原则性规定下，根据投资型保险的不同类型，则有不同的投资渠道及投资比例。就人身保险创新型产品来看，如分红保险，其资金的投资渠道主要为大额银行长期协议存款、国债、AA 以上信誉企业债券、国家金融债券、同行业拆借、证券一级市场（10%）、证券二级市场（10%），以及直接或间接投资国家基础设施建设等。万能保险设立的万能账户，除可以做债券投资外，其投资股票二级市场的比例不得超过 80%；投资连结保险设立的投资账户，除可以做成债券投资外，其投资股票二级市场的比例可以为 100%。② 而保险公司普通账户的股票投资比例最高只有 40%，所以万能保险与投资连结保险的股票投资比例远高于普通账户，其与资本市场的联结是相当紧密的，因而也可能会带来更高的风险。而在设置分离账户的投资型保险中，由于投资连结保险与非预定收益型产品都是没有最低利率的保证，该分离账户的资金完全由投保人自担风险，因此我国相关法规明确规定，这两种产品的资金运用，“应当在资产隔离、资产配置、投资管理等环节，独立于其他保险产品资金”。③ 而我国的万能保险则较为特殊，既设置了分离账户，但通常不会单独管理，同时往往又有最低利率保证，那么恰恰不容易发现其中隐藏的风险，容易形成监管上的漏洞。

二、投资型保险资金运用的风险

正是因为投资型保险兼具保险与投资的双重功能，其投资属性使得它与资本市场的联结更为紧密，因而其可能会产生新的风险，亦可能因为投资型保险的这种属性而使得风险在保险市场与资本市场之间相互传导，从而导致更高的风险。

① 参见《中华人民共和国保险法》第 106 条第 2 款，2015 年 4 月 24 日。

② 参见《保险机构投资者股票投资管理暂行办法》第 24 条，2004 年 10 月 24 日。

③ 参见《保险资金运用管理办法》第 20 条，2018 年 4 月 1 日。

（一）保险市场的风险

投资型保险的资金运用，为实现投资收益最大化，往往会选择收益更高的投资渠道，进而也会带来更高的投资风险，这种风险首先表现为保险市场内的风险，并进而会影响到投资型保险契约的正常履行。投资型保险选择收益与风险更高的投资渠道，本身是为了应对通货膨胀与利差损的弊端，但是风险过高的投资渠道，一旦投资失败，则面临着巨大的亏损。对于分红险、万能险与预定收益型产品而言，保险公司往往有承诺的利率保证或最低利率保证，如果保险公司的投资收益没有达到约定利率，则可能面临偿付能力危机，并进而造成保险公司破产。而对于投资连结保险与非预定收益型产品，分离账户的风险完全由投保人个人承担，如果分离账户选择不当或保险公司的管理不善，投保人则面临着巨大的损失，进而造成保险市场的波动。如相关报告显示，2018 年，受经济去杠杆、中美贸易摩擦、人民币贬值等因素的影响，中国股票市场主要指数连续下跌，保险行业投资股票亏损明显，行业中约七成公司投资股票实际亏损，九成以上公司投资股票浮亏。截至 2018 年末，行业中九成公司配置股票占比低于 10%，行业整体面临的股市波动风险相对可控。但部分公司股票配置比例较高且亏损或浮亏严重，面临的市场风险较大。在股票市场波动增加的背景下，若持股集中度较高，股票资产变现需承受较大的价格下跌可能。①

而在投连险与非预定保险中，这种投资风险则完全由投保人承担，如果相关的监管机制不到位，资本市场的风险将传导至保险市场，并进而转移给投保人，则将给保险市场带来巨大的危机。如 2019 年香港安盛保险巨亏事件，投资者（投保人）宣称，安盛对于旗下的不动产投资保险产品，在未经投资者允许的情况下，擅自改变 IPS（Investment Policy Statement），转而投资金融衍生工具等高风险产品，导致投资失败，200 多名投资者的总损失高达 4 亿元港币。② 这起事件所涉及的保险产品即是投资连结保险，通常来说，投连险的投资风险是完全由投保人承担，因此投资失败也应当根据“买者自负”原则来自负其责。然而，涉

---

① 保险保障基金公司：《中国保险业风险评估报告 2019 发布》，2019 年 7 月 29 日。

② 参见新浪财经网：https：//finance. sina. com. cn/money/insurance/bxdt/2019-06-15/doc-ihvhiews9101048. shtml，2019 年 6 月 17 日最后访问。

案的这款保险是安盛香港推出的一款投连险产品叫 Evolution，背后有上千支基金可以作为投资标的让投资者进行选择。其中有一支基金，叫做“Hong Kong Investment Fund SP”（香港投资基金，简称 HKIF），出现了严重“违约”，致使投资了这支基金客户的账户价值一夜暴跌 95%。那么，安盛保险作为挑选这支基金并将其纳入 Evolution 投资列表的主事方，是否需要承担与其他投资机构相同的投资管理者责任呢？目前法律上并未有明确规定，故而如何对销售该类产品的保险公司进行监管，也仍然是一难题。

（二）资本市场的风险

随着投资型保险资金参与金融市场和服务实体经济的广度、深度不断提升，保险资金运用风险已经与经济金融风险深刻交织交融在一起，风险日益复杂、传染和叠加，进而导致保险市场与资本市场之间的风险传递。一是交易环节由少变多，风险的影响因素更加复杂，大量非标准化的金融产品大多在场外交易，缺乏透明度，风险管控难度更大；二是投资链条延长、风险隐蔽性增加，某些跨领域的投资行为，从局部是合规的、风险可控的，但从整体看，可能存在一定风险。① 如前海人寿保险股份有限公司（以下简称前海人寿）与恒大人寿保险有限公司频频举牌上市公司，造成资本市场的波动。

就比较典型的前海人寿来看，其是深圳市宝能投资集团有限公司（以下简称宝能集团）的子公司，后者持有前者近 20%的股份，2012 年 3 月开业以来，前海人寿以高现金价值保险（主要是万能险）为主打业务产品迅速占领市场，并通过资本市场运作开始其规模扩张，先后购买了新湖中宝、峨眉山 A、万科等多家公司的股票，并独自或与其一致行动人先后举牌中炬高新、明星电力、万科等多家上市公司。截至 2015 年 9 月末，前海人寿以自有资金、万能险、资管计划等多种形式共计持有 30 支股票。② 而前海人寿之所以频频举牌上市公司，一方面，与其主营业务万能险密切相关。高现价万能险产品的存续期不足 3 年，公司负债久期较短，而传统的保险资金投资渠道适用于配置股票，投资收益远远低于销售

① 陈文辉：《保险资金运用原则》，载《中国金融》2016 年第 18 期。

② 周妙燕、王紫薇：《万能险成为股市配资新模式的情况及案例分析》，载《浙江金融》2016 年第 10 期。

万能险产品的保费成本，因此前海人寿只能通过举牌发展前景好、盈利高的上市公司来提高投资回报。① 另一方面，则是将万能险作为筹资工具，为其母公司宝能集团收购万科打前锋。前海人寿通过出售万能险积累了大量保费，为举牌准备了充裕的资金，使宝能集团最终成功用430亿元收购了万科高达25%的股份，并成为万科第一大股东，而后则爆发了轰动市场的“宝万之争”事件。②

那么，万能险为什么会成为筹资工具呢？这与其特性相关。万能险虽然设有与普通账户分离的万能账户，但通常不会单独管理，而是与其他险种的保险资金一同放在普通账户中投资运作。账户资产出现在资产负债表的资产方，而保单账户价值属于负债的一部分。在确定账户收益时，保险公司必须将总的投资收益以适当的方式分割，分别计入万能险的万能账户与其他险种的保险账户中。③ 因此，万能险虽然设有分离账户，但却不像投连险与非预定保险一般单独管理，投保人对其控制程度并不高，仍然由保险人进行具体控制。而且我国的万能险通常设有最低保证利率，万能险的股票投资比例最高可达80%，这本是投资型保险突破传统保险的限制，以进行金融创新的直接体现。但是保险人为了刺激万能险的购买需求，往往开发时间较短且最低保证利率较高的万能险产品，那么保险人为了能够满足约定利率要求，自然会选择高收益高风险的投资回报。与此同时，投保人纷纷为这种万能险产品所吸引，万能险保费收入的迅速增长，以前海人寿为例，成立仅3年时间，万能险的保费收入高达605.5亿元，占总保费收入的比例为77.7%，为其入市举牌打下坚实资金基础。但是这其中的风险的不言而喻，一方面保险公司一旦投资失败将面临偿付能力危机；另一方面保险资金强势入市可能会造成金融力量的滥用，对资本市场以及实体商业都将造成冲击，有如恒大人寿在1个多月的时间内，大规模集中买进卖出栋梁新材、国民技术等6支股票，其中于2016年9月28至30日动用约5.3亿元买入梅雁吉祥4.95%的股权，尔后在10月31日全部卖出，盈利过亿元。引发小机构和散户投资者追随，人为制造

① 江崇光、王君、姚庆海：《中国万能险问题研究及监管策略》，载《山东社会科学》2018年第4期。

② 尤冰宁：《我国保险资金入市法律监管的完善》，载《政法学刊》2019年第3期。

③ 丁昶、李汉雄主编：《投连和万能保险的原理与监管》，中国财政经济出版社2009年版，第5页。

了一个“险资短炒现象”。① 又如“宝万之争”中由于万科董事长王石坚决反对宝能成为万科第一大股东，而宝能则要求罢免万科现任所有董、监事，更是引发世人对保险公司这头“金融巨兽”的深思。因此，如何在发挥投资型保险创新性的同时，防范其资金利用的风险，是当下投资型保险监管的重要课题。

三、投资型保险资金运用的监管

（一）监管目标的确立

1. 以保证偿付能力为中心

提高保险人的偿付能力是保险资金监管最重要的目标，这对于兼具保障与投资功能的投资型保险尤为重要。偿付能力使保险交易的结果具有确定发生和可预测性。为提高保险人偿付能力而实行广泛监管的原因在于：其一，作为个人的被保险人在交易中无法实现真正的自我保护。保险只不过是一种有待将来履行的、视情况而定的承诺，该承诺的最大价值莫过于保险公司做后盾。普通的消费者无法衡量或监视保险公司的偿付能力，因为保险核算和精算程序都具有极强的技术性。因此只好由政府来代表公众监管保险公司的偿付能力。其二，如果保险人没有偿付能力，被保险人面临的问题将相当严重。保险人无偿付能力可能引起诸多的潜在后果：毁坏的房屋无资金修复、只能用个人的资产清偿责任诉讼案的判决、孤寡儿童无人供养，以及财务计划不能完成等。保险公司的破产所引起问题的广泛性和严重性，正是公众和监管部门对保险人偿付能力倍加关注的原因。其三，寿险公司（在很小程度上也包括财产险公司）对相当数量的顾客存款负有责任。保险人和被保险人的关系可比作债务人和债权人的关系，但是这种关系更像银行和储户之间的信用委任关系。受托者的活动受到严格要求的限定。因为他们是在公众信任的基础上运作的。保险公司的操作和受托人相似，所以保险人的偿付能力是公众监管的一个目标。② 而对于投资型保险而言，由于其股票市场的投资比例更高，其资金的运用与资本市场的联结更为密切，资本市场的风险极容易

---

① 董少鹏：《恒大人寿“短线炒股”何时休?》，载《英才》2016年第12期。

② ［美］马克·S. 多尔夫曼、戴维·A. 卡瑟：《风险管理与保险原理》（第10版），齐瑞宗等译，清华大学出版社2016年版，第141页。

传导至保险市场，而保险公司一旦投资失败即导致偿付能力不足，甚至可能面临着破产的危机，因此投资型保险资金的监管仍然以保障保险人的偿付能力为重要目标。

2. 合理引导保险资金的流向

保险资金数额巨大，一旦进入资本市场，必将产生举足轻重的影响。同时，由于保险行业的资本及各项准备金所积累的金额相当庞大，保险业资金运用若蒙受巨额损失，动摇保险市场的稳定性，国民经济发展也会受到剧烈冲击。因此，通过保险资金的监管，不仅可以合理引导资金流向，减少资金运用的投机性，增加资本市场的机构投资者，增强保险资金运用的投资性，促进资本市场结构更加合理，避免资本市场的巨大波动，失去资本市场的发展。还可以引导保险投资符合国民经济发展的需要，流向急需资金的行业，从而促进相关行业的发展。① 而对于投资型保险而言，由于其资金的筹集速度更快，能够进行股票投资的比例更高，因而对资本市场的影响也更大。

既如此，为了约束保险公司金融力量过于强大而出现滥用行业，可以考虑借鉴美国“金融与商业分离”原则，对保险资金入市进行一定的限制。② “金融与商业分离”原则最早是由“银行与商业分离”原则衍生而来。早在 20 世纪早期，个人投资者常常成为银行推销股票的受害者。20 世纪 30 年代大萧条中，美国 1/5 的银行倒闭，大家普遍认为商业银行在证券市场的广泛投机是 1929 年市场崩溃的一大原因。在此背景下，《格拉斯-斯蒂格尔法案》诞生，该法案分离了商业银行业务和投资银行业务，以解决混业经营的利益冲突问题。③ 而自该法案颁布后，金融业应当分业还是混业的争论从未停止过，尽管美国国会最终在 1999 年通过《金融服务现代化法案》，同时废止了《格拉斯-斯蒂格尔法案》，意味着金融业统合时代的到来，但是 2008 年因金融湿业经营以及金融创新工具的风险爆发所引发的全球金融危机，又不得不再次引发对混业与分业的思考。就保

① 金涛编：《保险资金运用的法律规则》，法律出版社 2012 年版，第 175 页。

② 参见李敏：《金融与实业分离原则下的保险资金运用的监管》，载《暨南学报（哲学社会科学版）》2019 年第 3 期；李伟群、胡鹏：《保险机构股票投资行业的法律规制——以“金融与商业分离原则”为视角》，载《法学》2018 年第 8 期。

③ 刘士余主编：《美国金融监管改革概论：〈多德-弗兰克华尔街改革与消费者保护法案〉导读》，中国金融出版社 2011 年版，第 328 页。

险业资金的运用来看，它以安全性为其首要目标，因此其定位应当是“以长期投资为主的战略投资者”，但投资型保险的创新性是要通过与资本市场相联结来得以实现的，在投资型保险产品期限较短的情形下，为了迅速实现盈利、避免亏损，则不得不以“短线投资”为主，从而背离了其原有的“战略投资者”的定位。因此，保险监管应当合理引导保险资金的流向，保障保险市场以及相关市场的稳定有序。

（二）监管措施的完善

监管方式是为合同的强制履行服务的。无论是偿付能力监管，还是市场行为监管，或者公司治理结构的监管，手段和方式尽管不同，但监管最终指向的仍然是保护保险消费者的权益。① 针对投资型保险资金运用所带来的风险，危及保险公司的偿付能力，造成保险市场秩序的不稳定，并可能波及相关联的资本市场与实体商业，应当完善相关的监管措施，以防范金融创新所带来的风险。

其一，合理限制投资型保险的资金运用渠道。投资型保险产生之初，本是为了克服通货膨胀与利差损的弊端，故而允许保险人转移部分投资风险于投保人，并放开投资型保险的资金运用渠道，使之经营方式更加灵活。但是投资型保险的本质仍应当定位为保险，无论何种类型的投资型保险皆应以保险保障为其主要功能，其差异仅在于投资功能的程度大小不一。因此，对于投资型保险的资金运用渠道，不应当过分放开，以能够对抗通货膨胀与低利率即可。特别是万能保险，由于其既设置有专门的万能账户，但又并非专门管理与单独核算，且股票的投资比例还很高，特别容易沦为保险公司进入资本市场的筹资工具，故而可以考虑适当降低万能险资金的股票投资比例。

其二，完善投资型保险资金运用的信息披露规则。有学者认为，从产品本质属性上看，我国投连险与异化了的万能险，具有“证券”投资属性，因此可以借鉴美国的经验，扩大《证券法》上“证券”概念，将归属“证券”序列的投资型保险纳入证券监管体系。② 但是在我国现行的监管体系下，如此则无法对投资

① 王国军、潘兴：《后金融危机时代保险业的风险防范与战略选择》，法律出版社 2009 年版，第 276 页。

② 李敏：《美国投资型保险资金运用监管及其借鉴》，载《华东政法大学学报》2020 年第 6 期。

型保险的“保险部分”进行妥善安排，使投资型保险这类附带投资属性的创新型保险产品完全成为投资产品，也背离了开发这类产品的初衷。而针对投资型保险投资部分监管不足的问题，尤其是设分离账户的投资型保险，其在契约法理论上属于类型结合契约，对于保险账户与分离账户应当分别适用相关部分的规范。所以，在投资型保险定位为特殊保险形式的情形下，分离账户因其特殊性仍可以适用证券法的信息披露规则，这也符合未来金融监管由“机构监管”转向“功能监管”的趋势。

其三，优化投资型保险产品。投资型保险的资金来源于投保人的保费，因此投资型保险的设计其实是从源头上约束了投资型保险资金的运用。投资型保险产品的优化，主要表现在以下两个方面：一方面，适当提高投资型保险风险保额的最低比率。投资型保险界分为保险部分与投资部分，既然从理论上我们将其定位为保险，而在实践中它也是通过银保监会予以监管，那么就应当回归保险保障这一基本功能，坚持“保险姓保”。投资连结保险的死亡风险保额的最低利率是5%，而万能险则被提高至20%。但事实上，将风险保额与投资收益相比较，多数情形下风险保额的数额仍明显低于投资收益的数额，故常常被人质疑究竟是保险抑或投资，是以应当考虑再适当提高风险保额的最低利率，以避免投资型保险脱离保险保障的本质。另一方面，限制投资型保险的承保期限与投资利率。从实践中来看，短期、高投资回报率的万能险产品往往沦为保险公司举牌入市的筹资工具，不符合保险产品保障功能的本质，也容易引发资本市场的波动。因此，对于投资型保险产品的承保期限与投资利率应当予以适当限制。

结　论

投资型保险为兼具保障与投资功能的新型金融产品，其在金融创新之背景下产生，在解决保险市场通货膨胀与利差损问题的同时，也极大地满足了投保人保险保障与投资理财的双重需求。但是投资型保险仍然备受争议，一方面，投资型保险具有传统保险所没有的投资属性，因此更具风险性与复杂性，本身即存在一些传统保险所没有的问题。同时，也往往超出了一般投保大众对保险产品的认知，倘若保险人及其代理人没有妥善履行信息义务，则容易滋生契约纠纷。另一方面，投资型保险提高了保险资金的利用率，活跃了保险市场，但是也带来新的风险。投资型保险将部分投资风险转移给投保人，以实现保险产品的投资功能，但倘若过分着重于投资型保险的投资属性而忽视保障功能，将使投资型保险丧失其本质属性。有鉴于此，应当对投资型保险进行法律规制。

首先，投资型保险的定义。关于投资型保险的法律定位，在理论上有三种学说，在实践中各国及地区均有不同的定位，但以“结构-功能”主义研究方法解析投资型保险契约，立足于我国的法律背景，宜将其定位为保险。进言之，投资型保险的种类较多，运作方式也有所差异，而现行保险法上“保险”之概念无法将其纳入，根据其统一特性，建议在立法中明确规定，“投资型保险是指投保人在支付基本保费之外，将其他保费投资在相结合的投资工具上，且投资绩效会影响未来保险给付的额度，投保人必须自行承担全部或部分投资风险，而保险人则给予最低程度风险保障的保险产品”。

其次，投资型保险契约的权义结构。其一，投资型保险契约的保障主体。尽管投资型保险具有投资属性，但仍未失保险之本质，故而应当与传统保险一般，以被保险人为保障中心，但同时要兼顾投保人的投资利益，并协调与受益人之关系。在此过程中，仍应当将所有保险给付请求权赋予给被保险人，并尊重被保险人的同意权。考量到设分离账户的人身保险创新型产品之特殊性，以及人身保险契约主体的架构，应当在立法中明确规定，“投资型保险分离账户的价值属于受益人，非经受益人同意，其他人不得主张；但投保人或被保险人可以变更受益人”。其二，投资型保险契约订立时保险人的说明义务。我国现行法上说明义务本身即存在不足，在投资型保险之适用问题上则更是问题叠生，因此有必要进行规则上的完善，并通过域外法上经验的比较与借鉴，考量引入适合性义务，在立法上规定，“投资型保险契约订立时，保险人应当根据投保人的需要，考量投保人的风险承受能力，为其推荐适合的保险产品”。其三，投资型保险契约无效或终止后的法律效果。投资型保险之投资部分并非依传统保险法理的损失补偿原则、最大诚信原则与对价平衡原则所构建，所以在设分离账户之情形下，分离账户之保费处理规则有所不同。因投资型保险的投资部分，通常并不考量道德危险之防范，因此关于传统保险基于防范道德危险，而在保险契约终止后不返还保费之规定，对投资型保险并不适用。仅在受益人之“故意行为”的情形下，受益人也一并丧失对分离账户资金之请求权。而在保险契约无效后的法律效果，则需要依据个案进行考量，根据双方的过错比例承担相应责任。

再次，投资型保险市场的风险监管。其一，针对投资型保险销售误导问题。保险销售误导可以通过在保险契约法上引入适合性义务予以治理，以为保险消费者提供私力救济，但关于适合性义务之具体规则有待于监管法予以进一步规定。参照域外法之相关经验，适合性义务应当是一组包括“了解客户规则”“适合性评估规则”“记录规则”在内的“规则群”。另外，基于保险代理人与保险经纪人法律地位的考量，保险代理人在银保销售误导之情形下亦可能承担法律责任；而保险经纪人亦应当承担独立的适合性义务，并应于立法中明确规定。其二，针对投资型保险资金运用的问题。投资型保险也如其他保险商品一般面临着诸多市场风险，其中较为特殊的是资金运用风险，在监管目标上应当以保险公司的偿付能力为中心，合理引导保险资金的利用，并通过适当限制投资型保险的资金运用渠道、完善投资型保险的信息披露规则，以及优化投资型保险产品等措施，强化保险保障功能的本质，使“保险姓保”。

最后，根据以上对投资型保险法律规制的探讨，建议对投资型保险进行专章规范，并与其他法律条文相协调。

参考文献

一、中外文著作

[1] [德] 迪尔克·罗歇尔德斯：《德国债法总论》（第7版），沈小军、张金海译，中国人民大学出版社2014年版。

[2] [德] 迪特尔·梅迪库斯：《德国民法总论》，邵建东译，法律出版社2013年版。

[3] [德] 迪特尔·梅迪库斯：《德国债法总论》，杜景林、卢谌译，法律出版社2004年版。

[4] [德] 普珀：《法学思维小学堂——法律人的6堂思维训练课》，蔡圣伟译，北京大学出版社2011年版。

[5] [德] 维尔纳·弗卢梅：《法律行为论》，迟颖译，法律出版社2012年版。

[6] [法] 勒内·达维德：《当代主要法律体系》，上海译文出版社1984年版。

[7] [美] Dan Tromblay：《变额保险》，陈家明译，台湾财团法人保险事业发展中心，2000年。

[8] [美] 阿克洛夫、斯彭斯、斯蒂格利茨：《阿克洛夫、斯彭斯和斯蒂格利茨论文精选》，谢康、乌家培编，商务印书馆2010年版。

[9] [美] 博特赖特：《金融伦理学》，静也译，北京大学出版社2002年版。

[10] [美] 丹尼尔·卡尼曼、保罗·斯洛维奇、阿莫斯·特沃斯基：《不确定状况下的判断：启发式和偏差》，方文等译，中国人民大学出版社2013年版。

[11] [美] 道宾：《美国保险法》，梁鹏译，法律出版社2008年版。

[12] [美] 道格拉斯·G. 拜尔、罗伯特·H. 格特纳、兰德尔·C. 皮克：《法律的博弈分析》，严旭阳译，法律出版社1999年版。

[13] [美] 迪尔伯恩金融服务公司:《保险从业人员的职业伦理》，王珺译，中国人民大学出版社 2005 年版。

[14] [美] 迪尔伯恩金融服务公司:《人寿保险代理人市场行为规范》，王珺译，中国人民大学出版社 2005 年版。

[15] [美] 马克·S. 多尔夫曼、戴维·A. 卡瑟:《风险管理与保险原理》(第 10 版)，齐瑞宗等译，清华大学出版社 2016 年版。

[16] [美] 费里尔、纳文:《美国合同法精解》(第四版)，陈彦明译，北京大学出版社 2009 年版。

[17] [美] 侯百纳:《人寿保险经济学》，孟朝霞等译，中国金融出版社 1997 年版。

[18] [美] 肯尼斯·S. 亚伯拉罕:《美国保险法理论与实务》，韩长印等译，中国政法大学出版社 2011 年版。

[19] [美] 塔尔科特·帕森斯:《社会行动的结构》，张明德、夏遇南、彭刚译，译林出版社 2012 年版。

[20] [美] 小罗伯特·H. 杰瑞、道格拉斯·R. 里士满:《美国保险法精解》，李之彦译，北京大学出版社 2009 年版。

[21] [美] 约翰·F. 道宾:《美国保险法》，梁鹏译，法律出版社 2008 年版。

[22] [挪威] 博尔奇:《保险经济学》，庹国柱等译，商务印书馆 1999 年版。

[23] [日] 道垣内弘人:《信托法入门》，姜雪莲译，中国法制出版社 2014 年版。

[24] [日] 能见善久:《现代信托法》，赵廉慧译，中国法制出版社 2010 年版。

[25] [日] 园乾治:《保险总论》，李进之译，中国金融出版社 1983 年版。

[26] [瑞士] 皮亚杰:《结构主义》，倪连生，王琳译，商务印书馆 1984 年版。

[27] [英] P. S. 阿狄亚:《合同法导论》，赵旭东等译，法律出版社 2002 年版。

[28] [英] 克拉克:《保险合同法》，何美欢、吴志攀译，北京大学出版社 2002 年版。

[29] 北京保险行业协会、永兴元保险发展服务中心:《人身保险新型产品基础知识及实务》，光明日报出版社 2015 年版。

[30] 曾隆兴:《现代非典型契约法论》，台湾三民书局 1986 年版。

[31] 陈克守、刘金文：《逻辑学》，山东人民出版社 2008 年版。
[32] 陈猷龙：《保险法论》，台湾瑞兴图书股份有限公司 2010 年版。
[33] 陈云中：《保险法要论》，东方出版社 1971 年版。
[34] 陈云中：《保险学》，台湾五南图书出版公司 1985 年版。
[35] 崔建远：《合同法》，北京大学出版社 2012 年版。
[36] 崔建远：《合同法总论（上卷）》，中国人民大学出版社 2011 年版。
[37] 崔建远：《合同法总论（中卷）》，中国人民大学出版社 2016 年版。
[38] 丁昶、李汉雄主编：《投连和万能保险的原理与监管》，中国财政经济出版社 2009 年版。
[39] 樊启荣：《保险法》，北京大学出版社 2011 年版。
[40] 樊启荣：《保险告知义务制度论》，中国政法大学出版社 2004 年版。
[41] 桂裕：《保险法论》，台湾三民书局 1991 年版。
[42] 郭丹：《金融服务法研究：金融消费者保护的视角》，法律出版社 2010 年版。
[43] 韩世远：《合同法总论》，法律出版社 2011 年版。
[44] 何颖：《金融消费者权益保护制度论》，北京大学出版社 2011 年版。
[45] 黄爱学：《金融商品交易反欺诈制度研究》，法律出版社 2012 年版。
[46] 贾林青：《保险法》，中国人民大学出版社 2014 年版。
[47] 江朝国：《保险法基础理论》，台湾瑞兴图书出版股份有限公司 2003 年版。
[48] 江朝国：《保险法逐条释义·第一卷总则》，台湾元照出版公司 2012 年版。
[49] 江朝国：《保险业之资金运用》，台湾财团法人保险事业发展中心，2003 年版。
[50] 金福海：《消费者法论》，北京大学出版社 2005 年版。
[51] 金涛编：《保险资金运用的法律规则》，法律出版社 2012 年版。
[52] 李适时：《中华人民共和国消费者权益保护法释义》，法律出版社 2013 年版。
[53] 梁宇贤：《保险法新论》，中国人民大学出版社 2003 年版。
[54] 林群弼：《保险法论》，台湾三民书局 2006 年版。
[55] 刘士余主编：《美国金融监管改革概论：〈多德-弗兰克华尔街改革与消费

者保护法案〉导读》，中国金融出版社 2011 年版。
[56] 刘振鲲：《图解保险法入门》，台湾元照出版有限公司 2015 年版。
[57] 刘宗荣：《保险法》，台湾三民书局 1995 年版。
[58] 刘宗荣：《定型化契约论文专辑》，台湾三民书局 1993 年版。
[59] 马俊驹、余延满：《民法原论》，法律出版社 2016 年版。
[60] 施文森：《保险法总论》，台湾三民书局 1985 年版。
[61] 史尚宽：《债法总论》，中国政法大学出版社 2000 年版。
[62] 宋明哲：《保险学：纯风险与保险》，台湾五南图书出版公司 1997 年版。
[63] 孙宏涛：《德国保险合同法》，中国法制出版社 2012 年版。
[64] 孙祁祥：《保险学》，北京大学出版社 2005 年版。
[65] 庹国柱：《保险学》，首都经济贸易大学出版社 2004 年版。
[66] 汪信君、廖世昌：《保险法理论与实务》，台湾元照出版有限公司 2015 年版。
[67] 汪渊智：《比较法视野下的代理法律制度》，法律出版社 2012 年版。
[68] 王国军、潘兴：《后金融危机时代保险业的风险防范与战略选择》，法律出版社 2009 年版。
[69] 王静：《保险案件司法观点集成》，法律出版社 2015 年版。
[70] 王利明：《合同法研究》（第 3 卷），中国人民大学出版社 2015 年版。
[71] 王夏昊：《法律规则与法律原则的抵触之解决：以阿列克西的理论为线索》，中国政法大学出版社 2009 年版。
[72] 王艳玲：《保险中介委托-代理法律制度及其博弈分析》，大连海事大学出版社 2008 年版。
[73] 王泽鉴：《债法原理》，北京大学出版社 2013 年版。
[74] 王志诚：《现代金融法》，台湾新学林出版社 2009 年版。
[75] 肖和保：《保险法诚实信用原则研究》，法律出版社 2007 年版。
[76] 谢盛金：《简明保险词典》，经济科学出版社 1986 年版。
[77] 谢哲胜：《信托法》，台湾元照出版有限公司 2009 年版。
[78] 许莉：《非对称信息与保险交易行为研究》，中国金融出版社 2010 年版。
[79] 杨东：《金融服务统合法论》，法律出版社 2013 年版。

[80] 杨仁寿:《法学方法论》,中国政法大学出版社 2013 年版。

[81] 杨桢:《英美契约法论》,北京大学出版社 2007 年版。

[82] 姚志明:《诚信原则与附随义务之研究》,台湾元照出版有限公司 2003 年版。

[83] 叶启洲:《保险法论》,台湾三民书局 2009 年版。

[84] 叶启洲:《保险法实例研习》,台湾元照出版有限公司 2011 年版。

[85] 易宪容:《现代合约经济学导论》,中国社会科学出版社 1997 年版。

[86] 袁宗蔚:《保险学:危险与保险》,首都经济贸易大学出版社 2000 年版。

[87] 张维迎:《博弈论与信息经济学》,格致出版社、上海人民出版社 2012 年版。

[88] 张文显:《法理学》,高等教育出版社 2007 年版。

[89] 赵政党:《个人理财客户的非理性理财行为》,社会科学文献出版社 2014 年版。

[90] 郑永流:《法律方法阶梯》,北京大学出版社 2008 年版。

[91] 郑玉波:《保险法论》,台湾三民书局 2012 年版。

[92] 中国证监会:《日本金融商品交易法及金融商品销售等相关法律》,法律出版社 2015 年版。

[93] Mark R. Greene, *Risk and Insurance*, South-Western Pub. Co., 1977.

[94] Stephen J. Choi, A. C. Pritchard, *Securities Regulation: Case and Analysis*, Foundation Press, Thomson/West, 2005.

二、中外文论文

[95]《法国保险合同法》,孙宏涛译,载《保险法评论(第五卷)》,法律出版社 2013 年版。

[96] 陈群峰:《保险人说明义务之形式化危机与重构》,载《现代法学》2013 年第 6 期。

[97] 陈文辉:《保险资金运用原则》,载《中国金融》2016 年第 18 期。

[98] 董华春:《从“Howey 检验”看“投资合同”——美国证券法“证券”定义的法律辨析(一)》,载《金融法苑》2003 年第 2 期。

[99] 董华春：《美国证券法“投资合同”的法律辨析》，载《证券市场导报》2003年第4期。

[100] 董少鹏：《恒大人寿“短线炒股”何时休?》，载《英才》2016年第12期。

[101] 杜怡静：《投资型保险商品关于说明义务与适合性原则之运用》，载《月旦民商法》2010年第27期。

[102] 方印：《我国新保险法诚实信用原则的合理性》，载《暨南学报（哲学社会科学版）》2014年第2期。

[103] 管人庆：《论投资连结保险投保人的投资利益保护》，载《社会科学辑刊》2010年第3期。

[104] 韩永强：《保险合同法“最大诚信原则”古今考》，载《华东政法大学学报》2013年第1期。

[105] 韩永强：《保险合同法“最大诚信原则”祛魅》，载《甘肃政法学院学报》2011年第2期。

[106] 胡峰宾、郭丽萍：《投资型保险之投资属性对现行法律规范之冲击》，载《法令月刊》2005年第7期。

[107] 江朝国：《保险法最新修正评释（上）》，载《月旦法学》2002年第87期。

[108] 江崇光、王君、姚庆海：《中国万能险问题研究及监管策略》，载《山东社会科学》2018年第4期。

[109] 焦瑾璞：《金融消费者概念的内涵与外延》，载《中国金融》2013年第8期。

[110] 李涵：《投资连结保险发展的主要问题及解决途径研究》，载《长春理工大学学报（社会科学版）》2014年第10期。

[111] 李理：《投资连结保险：法律属性及与现行保险法的冲突》，载《河北法学》2005年第4期。

[112] 李敏：《金融与实业分离原则下的保险资金运用的监管》，载《暨南学报（哲学社会科学版）》2019年第3期。

[113] 李敏：《美国投资型保险资金运用监管及其借鉴》，载《华东政法大学学

报》2020 年第 6 期。

[114] 李伟群、胡鹏：《保险机构股票投资行业的法律规制——以“金融与商业分离原则”为视角》，载《法学》2018 年第 8 期。

[115] 李溪鹏：《投资型保险风险分担的法律规制》，载《求索》2015 年第 4 期。

[116] 廖伯钧：《初探 2008 年德国新保险契约法——以保险人咨询建议义务为中心》，载《法学新论》2010 年第 23 期。

[117] 林举仁：《浅谈美国的变额年金》，载《寿险季刊》2000 年第 117 期。

[118] 刘政明：《万能寿险与传统寿险经营之比较》，载《保险信息》1998 年第 157 期。

[119] 卢百魁：《海峡两岸投资型保险商品监管及法律背景对比研究》，载《湖北经济学院学报（人文社会科学版）》2006 年第 11 期。

[120] 鲁忠江：《论商事实践张力与法律文本抑制间的博弈——以保险经纪人双方代理法律地位为视角》，载《保险研究》2010 年第 1 期。

[121] 罗俊玮、盧又顺：《论保险经纪人之资讯建议暨费用、佣金揭示义务》，载《法令月刊》2013 年第 64 期。

[122] 罗俊玮：《论保险监理与保险消费者之保护》，载《万国法律》2013 年第 189 期。

[123] 罗彧：《投资连结保险：证券乎?》，载《金融法苑》2003 年第 6 期。

[124] 屈茂辉、张红：《继续性合同：基于合同法理与立法技术的多重考量》，载《中国法学》2010 年第 4 期。

[125] 任自力：《保险法最大诚信原则之审思》，载《法学家》2010 年第 3 期。

[126] 石一峰：《沉默在民商事交往中的意义——私人自治的多层次平衡》，载《法学家》2017 年第 6 期。

[127] 王康旼：《变额保险绪论》，载《保险专刊》1989 年第 18 期。

[128] 王锐：《论金融业者的适当性义务——基于行为要件的分析》，载《北方法学》2014 年第 4 期。

[129] 王文军：《继续性合同及其类型论》，载《北方法学》2013 年第 5 期。

[130] 王志诚：《金融服务业法草案之评释——新瓶装旧酒?》，载《月旦民商

法》2010 年第 26 期。

[131] 温世扬、范庆荣:《"保险消费者"概念辨析》,载《现代法学》2017 年第 2 期。

[132] 向明恩:《前契约说明义务之形塑与界限》,载《月旦法学杂志》2011 年第 171 期。

[133] 熊进光:《论金融商品销售的适合性原则》,载《甘肃社会科学》2013 年第 3 期。

[134] 杨馥、庞楷:《不当激励、保险销售误导与监管治理》,载《经济经纬》2015 年第 5 期。

[135] 杨宏晖:《信息诱因、信息价值与先契约的信息揭露义务——兼论契约法的经济功能面向》,载《成大法学》2010 年第 19 期。

[136] 叶林:《投资型保险:保障抑或投资?》,载《月旦民商法》2010 年第 27 期。

[137] 叶启洲:《从德国保险人信息义务规范论要保人之信息权保障》,载《政大法学评论》2012 年第 126 期。

[138] 叶启洲:《台湾保险消费者之信息权保护——以金融消费者保护法之说明义务规范为中心》,载《月旦法学杂志》2013 年第 3 期。

[139] 叶启洲:《投资型保险契约无效时之保险费返还与缔约上过失责任》,载《环球法律评论》2014 年第 6 期。

[140] 尤冰宁:《我国保险资金入市法律监管的完善》,载《政法学刊》2019 年第 3 期。

[141] 张冠群:《台湾投资型保险商品分离账户法律规范之检验——理论与比较法之观察》,载《政大法学评论》2009 年第 109 期。

[142] 张琳:《投资连结保险的风险及其防范》,载《保险研究》2001 年第 1 期。

[143] 张瑞萍:《等价有偿原则质疑》,载《当代法学》1992 年第 1 期。

[144] 周妙燕、王紫薇:《万能险成为股市配资新模式的情况及案例分析》,载《浙江金融》2016 年第 10 期。

[145] AR Pinto, "The Nature of the Capital Markerts Allows a Creater Role for the

Governmen", *Broklyn Law Review* 55, 1989.

[146] Keith R. Fevurly, "Variable and Variable Universal Life Insurance", *The Handbook of Professionally Managed Assets*, Apress, Berkeley, CA, 2013.

[147] M. Albert Linton, "The Variable Annuity: Problems and Prospects", *Journal of Finance* 11 (2), 1956.

[148] Marc G. Alcser, "The Howey Text: A Common Ground for the Common Enterprise Theory", *U. C. Davis L. Rev.* 29, 1996.

[149] Maura K. Monaghan, "An Uncommon Sale of Confusion: The Common Enterprise Element of Investment Contract Analysis", *Fordham L. Rev.* 63, 1995.

[150] Peter J. Barack, "The Random Road to a New Suitability", *Yale L. J.* 83, 1974.

[151] Robert I. Mehr, "The Variable Annuity: Security or Insurance", *The Journal of Finance* 13 (3), 1958.

[152] Robert N. Rapp, "Rethinking Risky Investments for that Little Old Lady: A Realistic Role for Modern Portfolio Theory in Assessing Suitability Obligations of Stockbrokers", *Ohio Northern University Law Review*, 1998.

[153] Shelly Chaiken, "Heuristic Versus Systematic Information Processing and the Use of Source Versus Message Cues in Persuasion", *Journal of Personality and Social Psychology* 39, 1980.

三、域外法规

[154] EU: Directive 2004/39/EC on Makets in Financial Instruments, 2004-04-21.

[155] EU: Directive 2006/73/EC as regards organisational requirements and operating conditions for investment firms and defined terms for the purposes of that EU: Directive, 2006-10-08.

[156] FINRA: Notice 12-25: Suitability, 2012-07-09.

[157] FINRA: Rule 2090: Know Your Customer, 2012-07-09.

[158] FINRA: Rule 2111: Suitability, 2014-05-01.

[159] FSA: Conduct of Business Sourcebook Instrument, 2007-11-1.